CHISTES
PARA
APRENDER ESPAÑOL

Compilación y redacción
VERÓNICA MOSCOSO

Ilustraciones
ANNADA MENON

Corrección de estilo
ANA ANDRÉS

www.veromundo.store

Copyright © 2021 Verónica Moscoso

CHISTES PARA APRENDER ESPAÑOL Second Edition 2021

All rights reserved.

ISBN: 979-8-9852478-0-0

TABLA DE CONTENIDOS

Agradecimiento .... Pg. iv

Notas para el maestro .... Pg. v

1. Empleado .... Pg. 1
2. Mi auto Ferrari .... Pg. 4
3. Consulta .... Pg. 7
4. El pastor .... Pg. 10
5. La rana .... Pg. 13
6. Pingüinos .... Pg. 16
7. Tigre presumido .... Pg. 19
8. El policía te está mirando .... Pg. 22
9. ¿Cuántos años? .... Pg. 25
10. Piano al último piso .... Pg. 28
11. Elemental .... Pg. 31
12. Las tres cenas .... Pg. 34
13. A Júpiter .... Pg. 37
14. Manuel olvida .... Pg. 40
15. Discurso .... Pg. 43
16. Caracol .... Pg. 46
17. Gata increíble .... Pg. 49
18. La vaca .... Pg. 52
19. Dinero .... Pg. 55
20. Cambio .... Pg. 58
21. Paco maneja mal .... Pg. 61

22	El burro...	Pg. 64
23	Lora malcriada	Pg. 67
24	Fútbol de animales	Pg. 70
25	Mono chismoso	Pg. 73
26	Teléfono	Pg. 76
27	El gato vuelve a casa	Pg. 79
28	Pilotos ciegos	Pg. 82
29	Piscina de cocodrilos	Pg. 85
30	Apuesta	Pg. 88
	La compiladora y redactora	Pg. 92
	La ilustradora	Pg. 92
	Libros recomendados	Pg. 93

AGRADECIMIENTO

La primera edición de este libro fue posible gracias a Contee Seely, a quien agradezco por su ayuda desinteresada y sincera en todos mis proyectos.

En ésta segunda edición, estoy muy agradecida con mis amigos y maestros de español Diego Ojeda y Sonia Hernández por sus observaciones y sugerencias y con Craig Dexemple por sus palabras de apoyo.

Y un agradecimiento muy especial a mi hija Olivia Chandler que (a los nueve años de edad) me ayudó a revisar el contenido del libro antes de su publicación.

NOTAS PARA EL MAESTRO

Este libro es una compilación de 30 historias chistosas populares de diferentes orígenes. Las historias están adaptadas para estudiantes de nivel 2 en adelante.

Todas las historias tienen una ilustración, glosario y preguntas opcionales. Cada maestro sabe el nivel de comprensión de su clase, y tiene la opción de escoger los chistes y las preguntas de acuerdo a ese nivel. Elija las preguntas que quiere plantear y úselas en el orden que crea necesario.

Sugerencias:

• Si los alumnos están listos, empiece con la primera pregunta de *Usa tu imaginación*: antes de leer el chiste, los estudiantes pueden dar una idea, hacer una descripción o inventar una historia basándose en la ilustración. La historia puede ser creada en grupo.

• Antes de leer el chiste, presente el vocabulario y las estructuras gramaticales que no conozcan los estudiantes.

• Use las preguntas opcionales y también aproveche para hacer preguntas de seguimiento aunque estas no estén en el libro. Está bien si las respuestas de los estudiantes son disparatadas. Lo importante es estimular la conversación y usar el humor.

• Los chistes están escritos, mayormente, en tiempo presente, pero si sus estudiantes manejan los tiempos pasados, motívelos para que cuenten la historia en pasado.

Para más sugerencias de cómo usar este libro usando métodos de TPRS vaya a veromundo.store/resources-chistes. Ahí encontrará, completamente gratis, ideas escritas por Contee Seely (la versión en inglés y la versión en español están disponibles).

Este libro combina el poder de las historias y el poder del humor para la adquisición del idioma español. Esperamos que maestros y estudiantes lo disfruten.

Verónica Moscoso, compiladora y redactora
de *Chistes para aprender español*

1
EMPLEADO

Un perro entra a una oficina. El perro señala con una pata un anuncio. El anuncio dice: «Necesitamos empleado. Tiene que escribir rápido en la computadora. Tiene que hablar dos idiomas».
En la oficina entienden que el perro quiere trabajar. El jefe le dice:
—El empleado que necesitamos tiene que escribir en la computadora.
El perro prende una computadora con la pata.
—Muy bien, pero tienes que escribir en la computadora.
El perro escribe en la computadora con las patas.
—Muy bien, pero tienes que escribir muy rápido.
El perro escribe muy rápido con las patas.
El jefe le dice al perro:
—El empleado que necesitamos tiene que hablar dos idiomas.
El perro le dice:
—Miau.

GLOSARIO 1

anuncio ad

computadora computer

con with

dice: le dice tells him

empleado employee

entienden they understand

entra a comes into

escribe writes

escribir to write

hablar to speak

idiomas languages

jefe boss

miau meow

muy very

necesitamos need

oficina office

pata(s) paw(s)

pero but

perro dog

prende turns on

que that

quiere wants

rápido fast

señala points at

tiene has to

tienes have to

trabajar to work

PREGUNTAS OPCIONALES

PREGUNTAS DE COMPRENSIÓN
1. ¿Dónde entra el perro?
2. ¿Qué señala con una pata?
3. ¿Qué dice el anuncio?
4. ¿Qué quiere el perro?
5. ¿El perro sabe escribir en la computadora?
6. ¿Cómo escribe el perro?
7. ¿Qué idiomas habla el perro?

USA TU IMAGINACIÓN
1. Antes de leer el chiste, mira la ilustración e inventa una historia.
2. Después de leer el chiste, usa tu imaginación: El perro dice: «Miau», ¿y qué pasa después?
3. Usa tu imaginación: Cambia la historia. Un perro entra a una oficina, ¿y qué pasa después?
4. Cambia la historia: Tú entras a una oficina, ¿y qué pasa después?

PREGUNTAS SOBRE LA HISTORIA
1. ¿Piensas que el jefe quiere contratar al perro? ¿Por qué?
2. ¿Piensas que hay algo que el perro no sabe? ¿Qué?
3. ¿Piensas que un perro puede ser un buen empleado?
4. Si tú eres el jefe, ¿contratas al perro? ¿Por qué?
5. ¿Conoces algún perro que actúa como persona? Explica.
6. ¿Existen trabajos para animales? ¿Cuáles son?
7. ¿Las personas obligan a los animales a trabajar? ¿Cuándo?
8. ¿Conoces algún animal que trabaja para una persona porque quiere?
9. ¿Conoces personas que trabajan para los animales? ¿Qué hacen?

PREGUNTAS PERSONALES
1. ¿Quieres trabajar en una oficina?
2. ¿Piensas que es divertido trabajar frente a una computadora?
3. ¿Piensas que es importante saber dos idiomas?
4. ¿Es importante trabajar con personas amigables?
5. ¿Es importante trabajar con personas trabajadoras? ¿Por qué?
6. ¿Cuál es tu trabajo ideal?

2
MI AUTO FERRARI

Mónica maneja un auto Ferrari. Mónica maneja muy rápido. El auto choca. Cuando llega la ambulancia, encuentran a Mónica muy mal. El auto está destruido.

Mónica está inconsciente en la ambulancia. Cuando despierta, Mónica dice:

—¡Mi auto Ferrari! ¡Mi auto Ferrari! ¿Cómo está mi Ferrari?

Mónica pregunta muchas veces por su auto. La enfermera que está en la ambulancia le dice:

—Usted solamente se preocupa por su auto. Usted está muy mal. Usted tuvo un accidente horrible. ¡Su brazo izquierdo está muy mal!

Mónica, preocupada, dice:

—¿Mi brazo izquierdo? ¡Oh, no! ¡Mi reloj Rolex! ¡Mi reloj Rolex! ¿Cómo está mi reloj Rolex?

GLOSARIO 2

accidente accident
ambulancia ambulance
auto car
brazo arm
camino road
choca crashes
¿cómo? how?
cuando when
despierta wakes up
destruido destroyed
dice: **le dice** tells her
encuentran they find
enfermera nurse
está is, are
horrible horrible

inconsciente unconscious
izquierdo left
llega arrives, gets there
mal: muy mal in bad shape
maneja is driving
mi my
muy mal in bad shape
pregunta asks
preocupa: se preocupa por (you) are worrying about
preocupada worried
rápido fast
reloj watch
solamente only
tuvo had
veces times

PREGUNTAS OPCIONALES

PREGUNTAS DE COMPRENSIÓN

1. ¿Qué auto maneja Mónica?
2. ¿Cómo maneja?
3. ¿Cómo es el camino?
4. ¿Qué le pasa al auto?
5. ¿Cómo encuentran a Mónica?
6. Cuando se despierta Mónica, ¿qué dice?
7. ¿Qué le dice la enfermera?
8. ¿Qué dice Mónica cuando sabe que su brazo izquierdo está muy mal?
9. ¿Qué es lo más importante para Mónica?

USA TU IMAGINACIÓN

1. Antes de leer el chiste, mira la ilustración e inventa una historia.
2. Después de leer el chiste, usa tu imaginación: Mónica pregunta por su reloj Rolex, ¿y qué pasa después?
3. Usa tu imaginación: Cambia la historia. Mónica maneja un auto Ferrari, ¿y qué pasa después?
4. Cambia la historia: Tú manejas un auto Ferrari, ¿y qué pasa después?

PREGUNTAS SOBRE LA HISTORIA

1. Usa tu imaginación: ¿Por qué Mónica maneja rápido en un camino lleno de curvas?
2. ¿Qué piensa de Mónica la enfermera?
3. ¿Qué piensas de Mónica?
4. ¿Piensas que Mónica está un poco loca? ¿Por qué?
5. ¿Por qué piensas que para Mónica su auto y su reloj son muy importantes?

PREGUNTAS PERSONALES

1. Si tienes mucho dinero, ¿qué auto compras? ¿Por qué?
2. Si tienes mucho dinero, ¿qué reloj compras? ¿Por qué?
3. Si eres amigo/a de Mónica, y ella solamente piensa en su auto y su reloj, ¿qué le dices?
4. ¿Has visto un accidente?
5. Después de un accidente, ¿qué es lo más importante?
6. ¿Quieres viajar en una ambulancia? ¿Por qué?

3
CONSULTA

Todos conocen a Lucas. Lucas es el perro de una abogada. Todos piensan que esa abogada no es honesta. Un día Lucas entra a la carnicería y se come un filete. Lucas come muy rápido.

El carnicero se enoja mucho. Va a la oficina de la abogada. Le pregunta a la abogada:

—Si un perro entra a mi carnicería y se come un filete, ¿quién tiene que pagar?, ¿la dueña del perro tiene que pagar por el filete?

—Sí —le contesta la abogada.

—Entonces, ¡págueme los 200 (doscientos) pesos por el filete que se comió su perro!

La abogada le da 200 (doscientos) pesos al carnicero. El carnicero piensa que la abogada es muy honesta.

Una semana después, el carnicero recibe una factura de la abogada. La abogada le cobra 800 (ochocientos) pesos por la consulta.

GLOSARIO 3

abogada lawyer
carnicería butcher shop
carnicero butcher
cobra: le cobra charges him
come: se come eats
comió he ate
comió: se comió ate
conocen know
consulta consultation
contesta answers
da: le da gives him
después afterwards, later
dueña owner
enoja: se enoja gets angry

entonces then
entra a goes into
factura invoice, bill
filete filet
oficina office
paga pays
págueme pay me
piensa thinks
piensan they think
pregunta: le pregunta asks her
recibe receives
rápido fast
si if
su your

PREGUNTAS OPCIONALES

PREGUNTAS DE COMPRENSIÓN

1. ¿Quién es Lucas?
2. ¿Qué hace Lucas en la carnicería?
3. ¿Cómo come Lucas?
4. ¿Adónde va el carnicero?
5. ¿Qué le pide el carnicero a la abogada?
6. ¿Qué piensa el carnicero de la abogada?
7. ¿Qué factura recibe el carnicero?
8. ¿La abogada pierde dinero?

USA TU IMAGINACIÓN

1. Antes de leer el chiste, mira la ilustración e inventa una historia.
2. Después de leer el chiste, usa tu imaginación: La abogada le cobra 800 pesos por la consulta, ¿y qué pasa después?
3. Usa tu imaginación: Cambia la historia. Un día Lucas entra a la carnicería, ¿y qué pasa después?
4. Cambia la historia: Tu perro se come un filete de la carnicería, ¿y qué pasa después?

PREGUNTAS SOBRE LA HISTORIA

1. ¿Está bien que el carnicero pague 800 pesos a la abogada? ¿Por qué?
2. ¿Piensas que la abogada es honesta? ¿Por qué?
3. Usa tu imaginación: ¿Qué piensa el carnicero cuando ve la factura de 800 pesos?
4. Si tú eres el carnicero y recibes una factura de 800 pesos, ¿qué haces?
5. ¿Quién tiene que pagar por el filete que Lucas comió?

PREGUNTAS PERSONALES

1. ¿Qué haces si Lucas se come tu comida?
2. Si tienes un perro y tu perro se come el filete del carnicero, ¿quién paga?
3. Si tienes un perro, ¿es importante saber dónde está?
4. Si tienes un perro, ¿quién es responsable de lo que hace tu perro?

4
EL PASTOR

Julia camina en una montaña. Ve a un pastor y le pregunta:
—¿Es muy difícil cuidar ovejas?
—¿Cuáles, las blancas o las negras? —pregunta el pastor.
—Las negras.
—Sí, las ovejas negras son difíciles.
—¿Y las blancas? —pregunta otra vez Julia.
—Las blancas también —le contesta el pastor.
Julia piensa que la respuesta es rara. Pregunta otra vez:
—¿Comen mucho estas ovejas?
—¿Cuáles, las blancas o las negras?
—Las blancas.
—Sí, las blancas comen mucho.
—¿Y las negras?
—También.
Julia, un poco enojada, le pregunta al pastor:
—¿Por qué siempre me preguntas si las blancas o las negras?
—Porque las negras son mías.
—¿Y las blancas?
—También.

GLOSARIO 4

blancas white
camina walks
comen eat
contesta: le contesta answers her
¿cúales? which ones?
cuidar to take care of
difícil, difíciles difficult
enojada mad, angry
es is
estas these
mías mine
montaña mountain
mucho a lot
muy very
negras black
otra vez again
ovejas sheep
pastor shepherd

piensa thinks
¿por qué? why?
porque because
pregunta question, asks
preguntas: me preguntas asks me
que that
qué: ¿por qué? why?
rara weird, strange
respuesta answer
si if
sí yes
siempre always
son they are
siempre always
también also, too
ve sees
vez: otra vez again

5.

PREGUNTAS OPCIONALES

PREGUNTAS DE COMPRENSIÓN
1. ¿Qué hace Julia en la montaña?
2. ¿Qué le pregunta al pastor?
3. ¿Qué ovejas son difíciles de cuidar?
4. ¿Qué piensa Julia de las respuesta del pastor?
5. ¿Qué ovejas comen mucho?
6. ¿Son buenas las respuestas del pastor?
7. ¿Por qué está un poco enojada Julia?
8. ¿Quién es el dueño de las ovejas negras y de las blancas?

USA TU IMAGINACIÓN
1. Antes de leer el chiste, mira la ilustración e inventa una historia.
2. Después de leer el chiste, usa tu imaginación: El pastor dice que es dueño de las ovejas negras y de las blancas, ¿y qué pasa después?
3. Usa tu imaginación: Cambia la historia. Julia camina en una montaña, ¿y qué pasa después?
4. Cambia la historia: Tú caminas en una montaña, ¿y qué pasa después?

PREGUNTAS SOBRE LA HISTORIA
1. ¿Qué piensas del pastor y de sus respuestas?
2. ¿Por qué responde así?
3. ¿Quieres hablar con el pastor? ¿Por qué?
4. ¿Cuál es la diferencia entre las ovejas negras y las ovejas blancas?
5. ¿Por qué Julia habla con el pastor?

PREGUNTAS PERSONALES
1. ¿Quieres ser amiga/o del pastor? ¿Por qué?
2. ¿Quieres ser el pastor/la pastora?
3. Piensas que ser pastor es ¿aburrido o divertido?
4. ¿Te gusta caminar en las montañas? ¿Por qué?
5. ¿Cuál es el trabajo ideal? ¿Por qué?
6. En el futuro, ¿cuál va a ser tu trabajo?

5
LA RANA

Los animales feroces hacen una reunión. El león es el líder de la reunión. El león ve que hay una rana en la reunión. La rana no es un animal feroz.

— Entre nosotros hay un animal que no es feroz. Ese animal tiene que salir de la reunión—dice el león.

—Sí, sí, ¡Tiene que salir! —grita la rana.

Los animales miran en silencio a la rana.

—¡Tiene que salir! ¡Tiene que salir!—grita la rana.

—Parece que no se da cuenta, entonces le voy a dar pistas: es verde, vive en el agua, también vive en la tierra y tiene la boca muy grande —dice el león.

Todos los animales miran a la rana. La rana mira al cocodrilo y grita:

—¡El cocodrilo! ¡Tiene que salir el cocodrilo!

GLOSARIO 5

agua water

animal(es) animal(s)

boca mouth

cocodrilo crocodile

cuenta: no se da cuenta doesn't notice

da: no se da cuenta doesn't notice

dar to give

dice says

entonces so

entre among

miran they look

es is

ese that

feroces, feroz fierce

grande big

grita yells

hay there is

león lion

líder leader

mira looks

miran they look

muy very

parece it seems

pistas clues

que that

rana frog

reunión meeting

salir to get out, leave

también also

tiene has

tierra earth

ve sees

verde green

vive lives

voy: le voy a dar I'm going to give her/him

PREGUNTAS OPCIONALES

PREGUNTAS DE COMPRENSIÓN
1. ¿Qué hacen los animales feroces?
2. ¿Quién es el líder de la reunión?
3. ¿Qué animal va a la reunión y no es feroz?
4. ¿Qué grita la rana?
5. ¿Cuáles son las pistas que da el león?
6. ¿Por qué dice la rana: «¡Tiene que salir el cocodrilo!»?
7. ¿Qué animal tiene que salir?

USA TU IMAGINACIÓN
1. Antes de leer el chiste, mira la ilustración e inventa una historia.
2. Después de leer el chiste, usa tu imaginación: La rana grita: «¡Tiene que salir cocodrilo!», ¿y qué pasa después?
3. Usa tu imaginación: Cambia la historia. Los animales feroces hacen una reunión, ¿y qué pasa después?
4. Cambia la historia: Tú vas a una reunión pero no estás invitada/o, ¿y qué pasa después?

PREGUNTAS SOBRE LA HISTORIA
1. Usa tu imaginación: ¿Por qué la rana está en la reunión?
2. Nombra tres animales que están invitados a la reunión.
3. ¿Piensas que el león está enojado con la rana?
4. ¿Piensas que los otros animales feroces están enojados?
5. ¿Por qué piensas que la rana no se va?
6. ¿La rana se da cuenta de que no está invitada?
7. Si tú eres el león, ¿dejas que la rana se quede?, ¿le dices que se vaya?

PREGUNTAS PERSONALES
1. ¿La rana debe irse o debe quedarse?
2. Si no estás invitada/o, ¿vas a una reunión? ¿Por qué?
3. ¿Te enojas si alguien que no invitas va a tu fiesta? ¿Por qué?
4. ¿Qué haces si alguien que no invitas va a tu fiesta?
5. ¿Qué haces si vas a una reunión y te das cuenta de que no estás invitada/o?

6
PINGÜINOS

Tatiana lleva a tres pingüinos en su camión. Lleva los pingüinos al zoológico. De pronto, el camión se daña.

Tatiana ve que pasa otro camión. El chofer del camión para y Tatiana le dice:

—Por favor, lleve estos pingüinos al zoológico, y le doy 300 (trescientos) dólares.

El chofer, feliz, lleva a los pingüinos en su camión. Después, Tatiana arregla su camión. Entonces, va al zoológico. Cuando llega, ve al chofer del camión con los pingüinos detrás de él. Tatiana le pregunta:

—¿Adónde va con los pingüinos?

El hombre dice:

—Disfrutamos en el zoológico. Todavía tengo un poco de dinero. Ahora vamos al cine.

GLOSARIO 6

¿adónde? where?

arregla fixes, repairs

camión truck

chofer driver

cine movie theater

cuando when

daña: se daña breaks down

detrás de behind

dice says
    le dice tells (him)

disfrutamos we enjoyed

dólares dollars

doy: le doy I'll give you

entonces then

estos these

favor: por favor please

feliz happy

hombre man

llega arrives, gets there

lleva takes

lleve take (command)

otro another

para stops

pasa is going by

pingüinos penguins

poco: un poco some

pregunta: le pregunta asks him

pronto: de pronto suddenly

tengo have

todavía still

va go, goes

vamos al cine we're going to the movies

ve sees

zoológico zoo

PREGUNTAS OPCIONALES

PREGUNTAS DE COMPRENSIÓN
1. ¿Qué lleva Tatiana en su camión?
2. ¿Adónde va con los pingüinos?
3. ¿Qué le pasa al camión de Tatiana?
4. ¿Cuántos dólares le da al chofer?
5. ¿Arregla Tatiana su camión?
6. ¿Adónde va después de arreglar el camión?
7. Cuando llega al zoológico, ¿qué ve Tatiana?
8. ¿Adónde quiere llevar el chofer a los pingüinos?
9. ¿El chofer entiende que el dinero es para él y no para los pingüinos?

USA TU IMAGINACIÓN
1. Antes de leer el chiste, mira la ilustración e inventa una historia.
2. Después de leer el chiste, usa tu imaginación: El chofer dice: «Todavía tengo un poco de dinero. Ahora vamos al cine», ¿y qué pasa después?
3. Usa tu imaginación: Cambia la historia. Tatiana lleva en su camión a tres pingüinos, ¿y qué pasa después?
4. Cambia la historia: Tú llevas en tu camión a tres pingüinos, ¿y qué pasa después?

PREGUNTAS SOBRE LA HISTORIA
1. ¿Piensas que es una buena idea que el chofer del camión lleve a los pingüinos? ¿Por qué?
2. ¿300 dólares es mucho dinero o poco dinero para llevar a los pingüinos al zoológico?
3. ¿Piensas que el chofer del camión es una buena persona o una mala persona? ¿Por qué?
4. Usa tu imaginación: ¿Los pingüinos están felices con el chofer del camión? ¿Por qué?
5. Usa tu imaginación: ¿El chofer del camión está feliz con los pingüinos? ¿Por qué?

PREGUNTAS PERSONALES
1. ¿Te gusta más ir a zoológico o ir al cine? ¿Por qué?
2. Si tienes 300 dólares, ¿adónde vas?
3. ¿Vas sola/solo o vas con otras personas? ¿Con quién vas? ¿Por qué?
4. ¿Qué haces si antes de llegar se daña tu auto?
5. ¿Llamas a alguien si se daña tu auto?

7
TIGRE PRESUMIDO

Hay un tigre muy presumido. El tigre le pregunta a un mono:

—¿Quién es el más poderoso de todos los animales?

El mono, asustado, responde:

—¡Tú eres el más poderoso de todos los animales!

El tigre se va feliz. Luego le pregunta a un venado:

—¿Quién es el más poderoso de todos los animales?

El venado, asustado, responde:

—¡Tú eres el más poderoso de todos los animales!

El tigre se va feliz. Luego le pregunta a un elefante:

—¿Quién es el más poderoso de todos los animales?

El elefante agarra al tigre con la trompa. Después le pega contra una roca.

Cuando el tigre puede hablar, le dice al elefante:

—¡No tienes que enojarte si no sabes la respuesta!

GLOSARIO 7

a to

agarra grabs

al to the

animales animals

asustado frightened

con with

contra against

cuando when

de of

después then

dice: le dice tells (him)

elefante elephant

enojarte get mad

eres are

es is

feliz happy

hablar to talk

luego then

más: el más the most

mono monkey

muy very

pega: le pega hits him

poderoso powerful

pregunta asks

presumido arrogant

puede can

que: no tienes que enojarte you don't have to get mad

¿quién? who

responde answers, replies

respuesta answer

roca rock

sabes: no sabes don't know

si if

tienes have

tigre tiger

todos all

trompa trunk

tú you

un(a) a

va: se va leaves, goes

venado deer

PREGUNTAS OPCIONALES

PREGUNTAS DE COMPRENSIÓN
1. ¿Cómo es el tigre?
2. ¿Qué le pregunta el tigre al mono?
3. ¿Qué le contesta el mono?
4. ¿Qué le pregunta el tigre al venado?
5. ¿Qué le contesta el venado?
6. ¿Qué le hace el elefante at tigre?
7. El elefante ¿sabe o no sabe la respuesta?

USA TU IMAGINACIÓN
1. Antes de leer el chiste, mira la ilustración e inventa una historia.
2. Después de leer el chiste, usa tu imaginación: El tigre le dice al elefante: «¡No tienes que enojarte si no sabes la respuesta!», ¿y qué pasa después?
3. Usa tu imaginación: Cambia la historia. Hay un tigre muy presumido, ¿y qué pasa después?
4. Cambia la historia: Una persona presumida te pregunta a ti: «¿Quién es el más fuerte de toda la escuela?», ¿y qué pasa después?

PREGUNTAS SOBRE LA HISTORIA
1. Usa tu imaginación: ¿Por qué el tigre pregunta: «¿Quién es el más poderoso de todos los animales?»?
2. ¿Qué piensan del tigre el venado y el mono?
3. ¿Qué piensa del tigre el elefante?
4. Usa tu imaginación: El mono y el venado le dicen al tigre que el elefante es el más poderoso, ¿y qué pasa después?
5. ¿Por qué el elefante le pega al tigre?
6. Después de que el elefante le pega al tigre, ¿aprende algo el tigre?
7. Si eres el elefante, ¿qué le dices al tigre? ¿Por qué?

PREGUNTAS PERSONALES
1. ¿Conoces a una persona presumida? Describe a esa persona.
2. ¿Conoces a una celebridad presumida? Describe a esa celebridad.
3. ¿Piensas que las personas presumidas tienen muchos amigos? ¿Por qué?
4. Qué personas tienen muchos amigos, ¿las personas amigables o las personas presumidas?
5. ¿Piensas que ser presumido es inteligente? ¿Por qué?

8
EL POLICÍA TE ESTÁ MIRANDO

Un ladrón entra a una casa. Entra con su linterna. Los dueños de la casa no están. Entonces el ladrón camina tranquilo. De pronto, escucha una voz que le dice:

—El Policía te está mirando.

El ladrón se asusta mucho. Apaga la linterna.

—El Policía te está mirando —dice la voz otra vez.

El ladrón prende la linterna y ve a una lora. La lora repite:

—El policía te está mirando.

El ladrón se ríe y le pregunta a la lora:

—¿Quién eres tú?

—Soy Detective —dice la lora.

—Ja, ja, ja —se ríe el ladrón, y pregunta—: ¿Quién es el tonto que te puso el nombre «Detective»?

—El mismo tonto que le puso el nombre «Policía» al perro dóberman que está detrás de ti.

GLOSARIO 8

apaga turns off

asusta: se asusta is frightened

camina walks

casa house

con with

detrás de behind

dice: le dice says to him

dueños owners

entonces so

entra a goes into

eres: ¿quién eres tú? who are you?

es: ¿quién es el tonto? who is the moron?

escucha hears

está is

están: no están aren't

ja, ja, ja ha ha ha

ladrón thief

linterna flashlight

lora parrot

mirando watching

mismo same

mucho a lot

nombre name

otra vez again

perro dog

policía police officer

pregunta: le pregunta asks (her)

prende turns on

pronto: de pronto suddenly

puso: le puso el nombre «Policía» al perro dóberman gave the name "Policía" to the doberman
te puso el nombre «Detective» gave you the name "Detective"

que that

quién who
¿quién eres tú? who are you?

repite: le repite repeats to him

ríe: se ríe laughs

soy I am

te está mirando is looking at you

ti you

tonto moron, fool, dummy

tranquilo relaxed, not worried

ve sees

vez: otra vez again

voz voice

PREGUNTAS OPCIONALES

PREGUNTAS DE COMPRENSIÓN

1. ¿Por qué entra el ladrón a la casa?
2. ¿Con qué cosa entra el ladrón?
3. ¿Qué escucha el ladrón?
4. ¿Quién dice: «¿El Policía te está mirando»?
5. ¿Por qué se ríe el ladrón?
6. ¿Qué le pregunta el ladrón a la lora?
7. ¿Quién está detrás del ladrón?

USA TU IMAGINACIÓN

1. Antes de leer el chiste, mira la ilustración e inventa una historia.
2. Después de leer el chiste, usa tu imaginación: El perro dóberman está detrás del ladrón, ¿y qué pasa después?
3. Usa tu imaginación: Cambia la historia. Un ladrón entra a una casa con su linterna, ¿y qué pasa después?
4. Cambia la historia: Tú encuentras a un ladrón en tu casa, ¿y qué pasa después?

PREGUNTAS SOBRE LA HISTORIA

1. ¿Piensas que la lora quiere ayudar al ladrón?
2. ¿Piensas que el ladrón puede robar algo?
3. ¿Te gustan los nombres de la lora y del perro? ¿Por qué?

PREGUNTAS PERSONALES

1. ¿Tienes una mascota? / ¿Quieres tener una mascota?
2. ¿Qué mascota tienes? / ¿Qué mascota quieres tener?
3. ¿Qué nombre tiene tu mascota?
4. ¿Conoces animales con nombres chistosos?
5. ¿Qué nombres? ¿Por qué son chistosos?
6. Si tienes una lora, ¿qué nombre le pones?
7. Si tienes un perro dóberman, ¿qué nombre le pones?
8. ¿Conoces a alguna lora? ¿Esa lora habla? ¿Qué dice?
9. ¿Por qué las personas ponen nombres chistosos a sus mascotas?

9
¿CUÁNTOS AÑOS?

Una periodista está escribiendo un artículo. Habla con una mujer muy mayor. Tiene muchas arrugas y camina despacio. La periodista le pregunta:
—Señora, ¿cuántos años tiene usted?
—Yo tengo 110 (ciento diez) años.
—¡Increíble! ¿Cómo se mantiene así?
—Yo como muchos vegetales y hago ejercicio.
La periodista habla con un hombre. Tiene muchas arrugas y no ve bien. La periodista le pregunta:
—¿Cuántos años tiene usted?
—Yo tengo 130 (ciento treinta) años.
—¡Increíble! ¿Cómo se mantiene así?
—Tomo mucha agua y hago ejercicio.
La periodista habla con otro hombre. Tiene muchas arrugas, camina despacio y no ve bien. La periodista le pregunta:
—¿Cómo se mantiene así?
—Yo tomo mucha soda, nunca hago ejercicio y nunca como vegetales.
—¡Increíble! ¿Cuántos años tiene usted?
—30 (treinta) años.

GLOSARIO 9

agua water

años years

arrugas wrinkles

artículo article

así like this

bien well

camina walks

¿cómo?: ¿cómo se mantiene así? how do you stay in such good condition?

como I eat

cuántos: ¿cuántos años tiene usted? how old are you?

despacio slowly

ejercicio exercise

escribiendo writing

está is

habla speaks

hago ejercicio I exercise, I get exercise

hombre man

increíble incredible

mantiene: ¿cómo se mantiene así? how do you stay in such good condition?

mayor old, elderly

mucha(s), mucho(s) a lot

mujer woman

muy very

nunca never

periodista journalist

pregunta asks

que that

señora ma'm

tengo: Yo tengo 110 años I'm 110-years-old

tiene: ¿cuántos años tiene usted? how old are you?

tomo I drink

ve: no ve bien doesn't see well

vegetales vegetables

PREGUNTAS OPCIONALES

PREGUNTAS DE COMPRENSIÓN
1. ¿Qué está escribiendo la periodista?
2. La periodista habla con una mujer, ¿cómo es ella?
3. ¿Cuántos años tiene?
4. ¿Cómo se mantiene así?
5. Habla con un hombre, ¿cómo es él?
6. ¿Cuántos años tiene?
7. ¿Cómo se mantiene así?
8. Habla con otro hombre ¿cómo es él?
9. ¿Cuántos años tiene?
10. ¿Cómo se mantiene así?

USA TU IMAGINACIÓN
1. Antes de leer el chiste, mira la ilustración e inventa una historia.
2. Después de leer el chiste, usa tu imaginación: El hombre dice que tiene 30 años, ¿y qué pasa después?
3. Usa tu imaginación: Cambia la historia. Una periodista está escribiendo un artículo, ¿y qué pasa después?
4. Cambia la historia: Tú estás escribiendo un artículo, ¿y qué pasa después?

PREGUNTAS SOBRE LA HISTORIA
1. ¿Por qué el hombre de 30 años se ve tan mayor?
2. Si una persona toma mucha soda, nunca hace ejercicio y nunca come vegetales, ¿cómo se mantiene?
3. ¿Qué tienen que hacer las personas para mantenerse bien?

PREGUNTAS PERSONALES
1. ¿Qué haces tú para mantenerte bien?
2. ¿Conoces a alguien de más de 70 años? ¿Cómo se mantiene?
3. ¿Quieres vivir por mucho tiempo? ¿Por qué?
4. ¿Por qué unas personas viven mucho tiempo y otras no?
5. Si vives por mucho tiempo, ¿puedes mantenerte bien?
6. Si eres joven, ¿puedes mantenerte mal?

5.

10
PIANO AL ÚLTIMO PISO

Cuatro hombres están subiendo un piano. Suben el piano al último piso de un edificio. Ellos están muy cansados. Uno de los hombres dice:
—¿Cuántos pisos faltan? Alguien tiene que ver.
Gabriel dice:
—Yo subo.
Gabriel sube al último piso. Cuando vuelve, les dice a los otros:
—Les tengo dos malas noticias.
Uno de los hombres dice:
—No queremos escuchar dos malas noticias al mismo tiempo. Dinos una de las noticias ahora y dinos la otra noticia en el último piso.
—Una mala noticia es que faltan 10 (diez) pisos —dice Gabriel.
—¡Oh no! —ellos dicen.
Los hombres, muy cansados, suben al último piso. Uno de los hombres le pregunta a Gabriel:
—¿Cuál es la otra mala noticia?
—Que este no es el edificio.

GLOSARIO 10

ahora now
alguien someone
cansados tired
contesta answers
cuál what
cuando when
cuántos how many
cuatro four
dice: les dice tells them
dinos tell us (command)
edificio building
es is
escuchar to hear
están are
este this
faltan (they) remain, are missing
  ¿cuántos pisos faltan? how many more floors there are?
  faltan 10 pisos 10 more floors to go

hombres men
mala(s) bad
mismo same
muy very
noticia(s) piece of news
otra other
otros others
piano piano
piso floor
pregunta asks
queremos we want
subo I go up, I will go up
sube goes up
subiendo are taking up
tengo: les tengo I have for you
tiene has
último last
ver to see
vuelve returns

PREGUNTAS OPCIONALES

PREGUNTAS DE COMPRENSIÓN
1. ¿Cuántos hombres están subiendo el piano?
2. ¿A qué piso están subiendo el piano?
3. ¿Saben cuántos pisos faltan?
4. ¿Quién sube al último piso?
5. ¿Cuántas malas noticias tiene Gabriel?
6. ¿Cuál es una de las dos malas noticias?
7. ¿Cuándo les dice Gabriel la otra mala noticia?
8. ¿Cuál es la otra mala noticia?
9. ¿Es buena idea decir la otra mala noticia en el último piso?

USA TU IMAGINACIÓN
1. Antes de leer el chiste, mira la ilustración e inventa una historia.
2. Después de leer el chiste, usa tu imaginación: Gabriel dice: «Este no es el edificio», ¿y qué pasa después?
3. Usa tu imaginación: Cambia la historia. Cuatro hombres están subiendo un piano al último piso, ¿y qué pasa después?
4. Cambia la historia: Tú y tus amigas/amigos están subiendo un piano, ¿y qué pasa después?

PREGUNTAS SOBRE LA HISTORIA
1. ¿Piensas que Gabriel es inteligente? ¿Por qué?
2. Ellos no quieren oír dos malas noticias al mismo tiempo, ¿por qué?
3. Usa tu imaginación: ¿Qué hacen los hombres cuando Gabriel les dice la segunda mala noticia?
4. Los cuatro hombres no saben en qué edificio están, ¿por qué?
5. Usa tu imaginación: Al final, ¿qué pasa con el piano?

PREGUNTAS PERSONALES
1. ¿Quieres ser uno de los cuatro hombres que suben el piano? ¿Por qué?
2. ¿Es inteligente escuchar solo una de las dos noticias? ¿Por qué?
3. Si tú eres Gabriel y te das cuenta de que no es el edificio, ¿qué haces?
4. ¿Por qué alguien quiere un gran piano en su casa?
5. Es mejor ¿un piano grande o un piano pequeño? ¿Por qué?
6. ¿Sabes tocar el piano? ¿Sabes tocar algún instrumento musical?
7. ¿Te gusta la música? ¿Cuál es tu canción favorita?

11
ELEMENTAL

Sherlock Holmes y el doctor Watson van a acampar. En la noche, después de cenar, se van a dormir.

Después de unas horas, Holmes se despierta. Despierta a su amigo y le dice:

—Watson, mira arriba. ¿Qué ves?

—Veo millones y millones de estrellas.

—¿Y eso qué quiere decir? —le pregunta Holmes.

Watson dice:

—Quiere decir que hay millones de galaxias y billones de planetas. Quiere decir que somos pequeños en medio del universo. Y para usted, ¿qué quiere decir?

Holmes le dice:

—Elemental, mi querido Watson, quiere decir que alguien nos robó la carpa.

GLOSARIO 11

acampar: van a acampar (they) go camping

alguien someone

amigo friend

arriba up

billones billions

carpa tent

cenar to have dinner

decir: quiere decir it means

dice says

despierta wakes up
  se despierta wakes up (himself)

después after
  después de unas horas after a few hours

dice: le dice tells him

dormir to sleep

elemental elementary

eso that

estrellas stars

galaxias galaxies

hay there is

horas hours

medio: en medio de in the middle of

millones millions

mira look

pequeños small

planetas planets

pregunta: le pregunta asks him

que that

qué what

querido dear

quiere decir it means

¿qué quiere decir? what does it mean?

robó stole

nos robó stole from us

somos we are

unas: después de unas horas after a few hours

universo universe

van: van a acampar (they) go camping

  se van a dormir they go off to sleep

veo I see

ves you see

PREGUNTAS OPCIONALES

PREGUNTAS DE COMPRENSIÓN
1. ¿Qué hacen en la noche Sherlock Holmes y el doctor Watson?
2. ¿Qué pasa horas más tarde?
3. ¿Qué le dice Holmes a Watson?
4. ¿Qué contesta Watson?
5. ¿Qué pasó con la carpa?

USA TU IMAGINACIÓN
1. Antes de leer el chiste, mira la ilustración e inventa una historia.
2. Después de leer el chiste, usa tu imaginación: Alguien robó la carpa, ¿y qué pasa después?
3. Usa tu imaginación: Cambia la historia. Sherlock Holmes y el doctor Watson van a acampar, ¿y qué pasa después?
4. Cambia la historia: Tú vas a acampar con Sherlock Holmes y el doctor Watson, ¿y qué pasa después?

PREGUNTAS SOBRE LA HISTORIA
1. ¿Quiénes son Sherlock Holmes y el doctor Watson?
2. ¿Por qué no se dan cuenta de que alguien robó la carpa?
3. Usa tu imaginación: ¿Quién robó la carpa?

PREGUNTAS PERSONALES
1. ¿Quieres ser detective? ¿Por qué?
2. ¿Te gusta ir a acampar? ¿Por qué?
3. Nombra dos cosas que te gustan de ir a acampar.
4. Nombra dos cosas que no te gustan de ir a acampar.
5. ¿Con quién quieres ir a acampar?
6. ¿Cuántos días quieres ir a acampar?
7. ¿Cuál es un lugar ideal para ir a acampar? ¿Por qué?
8. ¿Qué pasa si vas a acampar y te roban la carpa?

12
LAS TRES CENAS

Pancho va todos los días al restaurante de su barrio. Siempre pide tres cenas iguales. Siempre dice:

—¡Tres cenas, por favor!

La dueña del restaurante es muy curiosa. No entiende por qué siempre Pancho va solo y pide tres cenas. Un día, la dueña le pregunta a Pancho:

—¿Por qué siempre pides tres cenas iguales?

—Yo tengo una hermana en Colombia y un hermano en Argentina. Antes los tres siempre comíamos juntos. Ahora yo como por ellos —dice Pancho.

Al día siguiente, Pancho va al restaurante y dice:

—¡Dos cenas, por favor!

La dueña del restaurante se asusta y le pregunta:

—¿Solamente dos cenas? ¿Tus hermanos están bien? ¿Qué pasa?

Pancho dice:

—Yo estoy a dieta.

GLOSARIO 12

ahora now

antes before

asusta: se asusta is startled, is afraid

barrio neighborhood

bien well

cenas dinners

comíamos we ate

como (I) eat
  yo como por ellos I eat for them

curiosa curious

día(s) day(s)

dieta: a dieta on a diet

dos two

dueña owner

entiende understands

es is

están they are

estoy I am

favor favor

hermana sister

hermano brother

iguales identical

juntos together

muy very

pasa: ¿qué pasa? what's going on?

pide he orders

pides you order

por for

¿por qué? why?

pregunta asks

qué: ¿por qué? why?
  ¿qué pasa? what's going on?

restaurante restaurant

siempre always

siguiente: al día siguiente the next day

solamente only

solo alone

su his

tengo I have

todos: todos los días every day

tres three

tus your

va goes

PREGUNTAS OPCIONALES

PREGUNTAS DE COMPRENSIÓN
1. ¿Cuándo va Pancho al restaurante del barrio?
2. ¿Cuántas cenas pide siempre?
3. ¿Qué es lo que la dueña no entiende?
4. ¿Por qué Pancho siempre pide tres cenas?
5. ¿Dónde están la hermana y el hermano de Pancho?
6. ¿Cuántas cenas pide Pancho al día siguiente?
7. ¿Qué le pregunta la dueña?
8. ¿Qué le contesta Pancho?
9. ¿Es verdad que Pancho está a dieta?

USA TU IMAGINACIÓN
1. Antes de leer el chiste, mira la ilustración e inventa una historia.
2. Después de leer el chiste, usa tu imaginación: Pancho dice que está a dieta, ¿y qué pasa después?
3. Usa tu imaginación: Cambia la historia. Pancho va todos los días al restaurante de su barrio, ¿y qué pasa después?
4. Cambia la historia: Tú pides tres cenas, ¿y qué pasa después?

PREGUNTAS SOBRE LA HISTORIA
1. Usa tu imaginación: Pancho come por su hermana y su hermano, ¿por qué?
2. Usa tu imaginación: ¿Es importante para los hermanos que Pancho coma por ellos? ¿Por qué?
3. Usa tu imaginación: La dueña piensa que Pancho está un poco loco, ¿por qué?
4. Pancho dice que está a dieta pero sigue comiendo, ¿por qué?
5. Qué les puede gustar más a los hermanos de Pancho: ¿que Pancho coma por ellos o que Pancho los llame por teléfono?

PREGUNTAS PERSONALES
1. Qué es mejor para Pancho: ¿gastar el dinero en cenas o ahorrar dinero para visitar a su hermana y a su hermano?
2. Si eres la/el hermana/o de Pancho, y sabes que come mucho por ti, ¿qué le dices?
3. Si tu familia o tus amigos se van del país, ¿haces algo para recordarlos? Explica.
4. Si tú te vas del país, ¿haces algo para recordar a tu familia y tus amigos?

13
A JÚPITER

La NASA quiere contratar a una persona para ir a Júpiter. El problema: esa persona no va a regresar a la Tierra. Hay tres candidatos para ir a Júpiter:

Manuel, un doctor, quiere cobrar un billón de dólares por ir a Júpiter. Él quiere donar ese dinero a su club de doctores.

Valentina, una científica, quiere cobrar dos billones de dólares por ir a Júpiter. Ella quiere dar un billón a su familia y donar otro billón a la ciencia.

Pedro, un economista, quiere cobrar tres billones de dólares por ir a Júpiter.

La directora de la NASA le pregunta a Pedro:

—¿Por qué quiere cobrar más que los otros?

Pedro contesta:

—Es simple. Usted me da tres billones. Yo le doy un billón a usted, otro billón es para mí, y con el otro billón mandamos al doctor a Júpiter.

GLOSARIO 13

billón(es) billion(s)
candidatos candidates
ciencia science
cobrar to charge
contesta answers
contratar to hire
da: me da (you) give me
dar to give
dinero money
directora director
doctor doctor
dólares dollars
donar to donate
dos two
doy: yo le doy I give you
economista economist
es is
esa, ese that
familia family
hay there is

ir to go
Júpiter Jupiter
mandamos we send
más more
me da (you) give me
mí me
otro(s) other(s)
para to, for
persona person
por for
pregunta asks
problema problem
que that
qué: ¿por qué? why?
quiere want, wants
regresar to return
simple simple
Tierra Earth
tres three
usted you (formal)
va: no va isn't going to

PREGUNTAS OPCIONALES

PREGUNTAS DE COMPRENSIÓN
1. ¿A quién quiere contratar la NASA?
2. ¿Cuál es el problema?
3. ¿Cuántos candidatos hay para ir a Júpiter?
4. ¿Cuánto quiere cobrar Manuel por ir a Júpiter?
5. ¿A quién quiere donar Manuel ese dinero?
6. ¿Cuánto quiere cobrar Valentina por ir a Júpiter?
7. ¿A quién quiere dar Valentina un billón?
8. ¿A quién quiere donar Valentina otro billón?
9. ¿Cuánto quiere cobrar Pedro por ir a Júpiter?
10. ¿Qué le contesta Pedro a la directora de la NASA?

USA TU IMAGINACIÓN
1. Antes de leer el chiste, mira la ilustración e inventa una historia.
2. Después de leer el chiste, usa tu imaginación: Pedro explica cómo quiere usar los tres billones, ¿y qué pasa después?
3. Usa tu imaginación: Cambia la historia. La NASA quiere contratar a una persona para ir a Júpiter, ¿y qué pasa después?
4. Cambia la historia: Tú eres candidata o candidato para ir a Júpiter, ¿y qué pasa después?

PREGUNTAS SOBRE LA HISTORIA
1. ¿Cuál es el mejor candidato? ¿Por qué?
2. ¿Piensas que Pedro es honesto?
3. ¿Piensas que Pedro es inteligente?
4. Usa tu imaginación: ¿Qué le contesta la directora de la NASA a Pedro?
5. Usa tu imaginación: ¿Va Pedro a Júpiter?

PREGUNTAS PERSONALES
1. Si tú eres directora o director de la NASA, ¿a quién contratas para ir a Júpiter?
2. ¿Tú quieres ir a Júpiter? ¿Por qué?
3. ¿Conoces a alguien que quiere ir a Júpiter?
4. ¿Por qué piensas que alguien quiere ir a Júpiter aunque probablemente no va a regresar?

14
MANUEL OLVIDA

Manuel olvida muchas cosas. Olvida su cumpleaños. Olvida dónde está su auto. Olvida su número de teléfono.

Manuel se cambia de casa y… olvida cuál es su casa. Todas las casas en el barrio son iguales. Decide tocar las puertas hasta encontrar su casa.

Toca una puerta.

—¿Sí?, ¿quién es? —pregunta una señora.

—¿Está su esposo? —responde Manuel.

—Sí, sí está. ¿Quién es? —responde la señora.

—No importa, disculpe —dice Manuel.

Va a la siguiente casa. Toca la puerta y pregunta:

—Señora, ¿está su esposo?

—No tengo esposo, ¿por qué? —responde la mujer.

—No importa, disculpe —dice Manuel.

Va a la siguiente casa. Toca la puerta y pregunta:

—Señora, ¿está su esposo?

—No, ¿por qué?

—Señora —dice Manuel—, ¿puede abrir la puerta y ver si yo soy su esposo?

GLOSARIO 14

abrir to open

auto car

barrio neighborhood

busca is looking for

cambia: se cambia de casa moves to a new house

cosas things

cuál which one

cumpleaños birthday

decide decides

dice says

disculpe excuse me

dónde where

encontrar: hasta encontrar until he finds

es is

esposo husband

está is
¿**está su esposo?** is your husband at home?

hasta until

iguales the same

importa: no importa it doesn't matter

muchas many

mujer woman

número number

olvida forgets

pregunta asks

¿**por qué?** why

pregunta asks

puede: ¿**puede abrir la puerta?** can you open the door?

puerta(s) door(s)

qué: ¿**por qué?** why

¿**quién es?** who is it?

responde answers

señora ma'm

si if

siguiente next

son are

soy: si yo soy su esposo if I'm your husband

tengo I have

toca (he) knocks on

tocar to knock on

una a

va goes

ver to see

PREGUNTAS OPCIONALES

PREGUNTAS DE COMPRENSIÓN

1. ¿Qué cosas olvida Manuel?
2. ¿Por qué Manuel olvida cuál es su casa?
3. ¿Qué decide hacer para encontrar su casa?
4. ¿Qué pregunta Manuel después de tocar la puerta?
5. Cuando el esposo no está en la casa, ¿qué le pregunta Manuel a la señora?
6. ¿Manuel encuentra su casa?

USA TU IMAGINACIÓN

1. Antes de leer el chiste, mira la ilustración e inventa una historia.
2. Después de leer el chiste, usa tu imaginación: Manuel dice: «¿puede abrir la puerta y ver si yo soy su esposo?», ¿y qué pasa después?
3. Usa tu imaginación: Cambia la historia. Manuel olvida muchas cosas, ¿y qué pasa después?
4. Cambia la historia: Tú olvidas cuál es tu casa, ¿y qué pasa después?

PREGUNTAS SOBRE LA HISTORIA

1. ¿Piensas que Manuel va a encontrar su casa tocando las puertas?
2. Usa tu imaginación: ¿Qué debe hacer Manuel para encontrar su casa?
3. ¿Piensas que tal vez alguien se puede enojar mucho con él?
4. ¿Cuál es el problema más grande para Manuel?
5. ¿Qué puede pasar si no encuentra su casa?
6. ¿Quién puede ayudarlo?

PREGUNTAS PERSONALES

1. ¿Conoces a alguien que olvida muchas cosas?
2. ¿Has olvidado algo importante?
3. ¿Qué haces si alguien que no conoces toca la puerta de tu casa?
4. ¿Qué haces si Manuel toca la puerta de tu casa?
5. Si olvidas cuál es tu casa, ¿qué haces?

15
DISCURSO

La directora de una importante compañía va a dar un discurso. Está muy nerviosa. No tiene buenas ideas para escribir el discurso. Necesita ayuda. Busca a una empleada muy inteligente. Le pide que escriba el discurso. La empleada le pregunta:

—¿Cuántos minutos quiere hablar?

—Solamente 20 (veinte) minutos. Necesito un discurso fácil de entender.

La directora da el discurso. Al día siguiente, la directora está muy enojada. Va al escritorio de la empleada y le grita:

—¡El discurso duró una hora, no 20 (veinte) minutos! El público salió a la mitad del discurso.

La empleada le dice:

—Yo escribí un discurso de 20 (veinte) minutos. Le di a usted el discurso y las dos copias que me pidió.

GLOSARIO 15

ayuda help
buenas good
busca looks for
compañía company
copias copies
¿cuántos? how many?
dar un discurso to give a speech
di: le di I gave (you)
día day
dice: le dice tells her
directora director
discurso speech
duró laster
empleada employee
enojada angry
entender to understand
escriba: le pide que escriba she asks her to write
escribí I wrote
escribir to write
escritorio desk
está is
fácil easy

grita: le grita shouts at her
hablar to talk
hora hour
ideas ideas
importante important
inteligente intelligent
minutos minutes
mitad middle
muy very
necesita she needs
necesito I need
nerviosa nervous
para for
pide: le pide que escriba she asks her to write
pidió: me pidió you asked me for
pregunta asks
público crowd, audience
quiere want
salió left
siguiente: al día siguiente at the next day
solamente only
va is going to

PREGUNTAS OPCIONALES

PREGUNTAS DE COMPRENSIÓN

1. ¿Quién va a dar un discurso?
2. ¿Por qué está nerviosa?
3. ¿A quién pide ayuda?
4. ¿Cuántos minutos quiere hablar?
5. ¿Cómo está la directora al día siguiente de dar el discurso?
6. ¿Cuánto duró el discurso?
7. ¿Cuántas copias del discurso hay?
8. ¿Por qué la directora piensa que el discurso es de una hora?

USA TU IMAGINACIÓN

1. Antes de leer el chiste, mira la ilustración e inventa una historia.
2. Después de leer el chiste, usa tu imaginación: La empleada dice: «le di a usted el discurso y las dos copias que me pidió», ¿y qué pasa después?
3. Usa tu imaginación: Cambia la historia. La directora de una importante compañía va a dar un discurso, ¿y qué pasa después?
4. Cambia la historia: Tú vas a dar un discurso, ¿y qué pasa después?

PREGUNTAS SOBRE LA HISTORIA

1. ¿Piensas que es buena idea que la directora dé un discurso? ¿Por qué?
2. Usa tu imaginación: ¿La empleada escribió un buen discurso?
3. Usa tu imaginación: ¿Cómo se sintió la directora cuando el público salió a la mitad del discurso?
4. ¿Piensas que la directora es inteligente?

PREGUNTAS PERSONALES

1. Si alguien te pide que des un discurso, ¿qué haces?
2. Si alguien te pide que escribas su discurso, ¿qué haces?
3. ¿Tienes buenas ideas para discursos?
4. ¿Te gusta hablar frente a un público?
5. Qué es mejor: ¿un discurso fácil o un discurso difícil?
6. Qué es mejor: ¿un discurso de 20 minutos o un discurso de una hora?

16
CARACOL

Roberto celebra el Año Nuevo en su casa. Hace una gran fiesta con sus amigos. Hay música, comida y bebidas. De pronto, suena el timbre. Roberto abre la puerta pero no ve a nadie. Luego escucha:

—Hola. Mira abajo, estoy aquí.

Roberto mira abajo y ve a un caracol. El caracol dice:

—¿Puedo entrar?

—¡No! —contesta Roberto.

Patea al caracol y lo manda lejos.

En el mes de agosto Roberto celebra su cumpleaños en su casa. Hace otra gran fiesta. De pronto, suena el timbre. Roberto abre la puerta. Luego escucha:

—Mira abajo.

Roberto ve al mismo caracol. El caracol dice enojado:

—¿Por qué me pateas?

GLOSARIO 16

abajo down
abre opens
agosto August
amigos friends
año year
aquí here
bebidas drinks
caracol snail
celebra celebrates
comida food
contesta answers
cumpleaños birthday
dice: le dice tells
enojado angry
entrar (to) come in
escucha hears
estoy I am
fiesta party
gran big
hace una gran fiesta is giving a big party
hola hello

lejos far
luego then
manda: lo manda (he) sends him
mes month
mira look
mismo same
música music
nadie nobody
nuevo new
otra other
patea kicks
pateas: me pateas you kick me
¿por qué? why?
pronto: de pronto suddenly
¿puedo? may I?, can I?
puerta door
que that
suena rings
timbre doorbell
ve sees
    no ve doesn't sees

PREGUNTAS OPCIONALES

PREGUNTAS DE COMPRENSIÓN

1. ¿Qué celebra Roberto y con quién?
2. ¿Qué escucha?
3. ¿Quién habla?
4. ¿Qué quiere el caracol?
5. ¿Qué le hace Roberto al caracol?
6. ¿Quién toca el timbre en agosto?
7. ¿Por qué el caracol pregunta «¿Por qué me pateas?» en agosto?

USA TU IMAGINACIÓN

1. Antes de leer el chiste, mira la ilustración e inventa una historia.
2. Después de leer el chiste, usa tu imaginación: El caracol pregunta: «¿Por qué me pateas?», ¿y qué pasa después?
3. Usa tu imaginación: Cambia la historia. Roberto celebra el Año Nuevo en su casa, ¿y qué pasa después?
4. Cambia la historia: Tú encuentras a un caracol que habla, ¿y qué pasa después?

PREGUNTAS SOBRE LA HISTORIA

1. Piensas que Roberto ¿es buena persona o mala persona?. ¿Por qué?
2. ¿Por qué patea al caracol?
3. ¿Piensas que es un gran problema invitar a la fiesta al caracol? ¿Por qué?
4. Usa tu imaginación: ¿Por qué quiere entrar el caracol?

PREGUNTAS PERSONALES

1. ¿Celebras el Año Nuevo? ¿Cómo lo celebras?
2. ¿Celebras tu cumpleaños? ¿Cómo lo celebras?
3. Si te encuentras con el caracol, ¿le invitas a entrar? ¿Por qué?
4. ¿Te gustan las fiestas con música, comida, bebidas y muchos amigos? ¿Por qué?
5. ¿Cuál es tu fiesta favorita en el año?
6. ¿Cómo es tu fiesta ideal de cumpleaños?

17
GATA INCREÍBLE

Una tienda de animales vende una gata que habla. Victoria es la dueña de un circo. Ella va a la tienda de animales. Victoria quiere comprar esa gata para el circo. Le pregunta al vendedor:
—¿Es verdad que la gata puede hablar?
—Sí, pregúntele a la gata.
Victoria le pregunta a la gata:
—¿Puedes hablar?
La gata le contesta:
—Sí, y también puedo hacer muchas cosas más.
—¡Excelente! ¿Qué cosas puedes hacer?
—Puedo ir en bicicleta sobre la cuerda floja, con los ojos cerrados y los brazos abiertos.
—¡Esta gata es increíble! ¡Con esta gata mi circo va a ser famoso! —dice Victoria. Y Victoria le pregunta al vendedor:
—¿Por qué quiere vender esta gata?
—Porque es muy mentirosa.

GLOSARIO 17

abiertos open
bicicleta bicycle
brazos arms
cerrados closed
circo circus
comprar to buy
con with
contesta answers
cosas things
cuerda floja tight rope
dice says
dueña owner
en in
es is
esa that
esta this
famoso famous
floja: cuerda floja tight rope
gata cat
habla talks
hablar to talk
hacer to do
increíble incredible
ir to go
más: muchas cosas más many more things
mentirosa: muy mentirosa a terrible liar

muchas: muchas cosas más many more things
muy: muy mentirosa a terrible liar
ojos eyes
para for
por: ¿por qué? why?
porque because
¿por qué? why?
pregunta: asks
pregúntele ask (her)
puede can
puedes can you
puedo I can
que that
qué: ¿por qué? why?
quiere want, wants
ser to be
sobre on
también also
tienda store
va is going to
vende is selling
vender to sell
vendedor salesman
verdad true

PREGUNTAS OPCIONALES

PREGUNTAS DE COMPRENSIÓN
1. ¿Qué vende la tienda de animales?
2. ¿Qué le pregunta Victoria al vendedor?
3. ¿Qué le pregunta Victoria a la gata?
4. ¿Qué le contesta la gata?
5. ¿Qué piensa Victoria sobre la gata?
6. ¿Por qué el vendedor vende a la gata?
7. ¿Es verdad todo lo que la gata dice?

USA TU IMAGINACIÓN
1. Antes de leer el chiste, mira la ilustración e inventa una historia.
2. Después de leer el chiste, usa tu imaginación: El vendedor dice que la gata es muy mentirosa, ¿y qué pasa después?
3. Usa tu imaginación: Cambia la historia. Una tienda de animales vende una gata que habla, ¿y qué pasa después?
4. Cambia la historia: Tú compras una gata que habla, ¿y qué pasa después?

PREGUNTAS SOBRE LA HISTORIA
1. ¿Piensas que comprar la gata que habla es una buena idea para la dueña del circo? ¿Por qué?
2. ¿Piensas que la gata es mentirosa? ¿Por qué?
3. ¿Piensas que Victoria debe comprar a la gata?

PREGUNTAS PERSONALES
1. ¿Quieres comprar una gata que habla? ¿Por qué?
2. ¿Cuánto pagas por una gata que habla?
3. Si eres dueña o dueño de una gata que habla, ¿puedes ser famosa o famoso? ¿Por qué?
4. ¿Qué cosas divertidas puedes hacer con una gata que habla?
5. Usa tu imaginación: Di una mentira muy grande.

18
LA VACA

Bruno maneja su auto. En el camino ve a una campesina haciendo autostop. La campesina está con una vaca. Bruno para y le dice a la campesina:
—Suba.
—Gracias —dice la campesina.
—Pero ¿y la vaca? —pregunta Bruno.
—La vaca nos sigue —le dice la campesina.
Bruno acepta porque quiere reírse de la campesina. Él maneja despacio pero luego maneja rápido. Mira por el espejo. La vaca está corriendo detrás del auto.
—¡Su vaca corre muy rápido! —dice Bruno.
Bruno maneja más rápido. Mira por el espejo. La vaca está sacando la lengua. Bruno dice:
—Parece que su vaca está cansada. Está sacando la lengua.
La campesina le pregunta:
—¿Saca la lengua a la derecha o a la izquierda?
—A la izquierda, ¿por qué?
—Porque nos quiere pasar por la izquierda.

GLOSARIO 18

acepta agrees, accepts

auto car

autostop: haciendo autostop hitchhiking

camino road

campesina peasant, farm worker

cansada tired

corre runs

corriendo running

derecha right

despacio slowly

detrás del behind the

dice: le dice tells (him/her)

espejo mirror

por el espejo in the mirror

está is

gracias thanks

haciendo autostop hitchhiking

izquierda left

lengua tongue

luego then

maneja is driving

más more

mira looks

muy very

nos: nos sigue follows us
nos quiere pasar she wants to pass us

para stops

parece it seems

pasar: nos quiere pasar she wants to pass us

¿por qué? why?

porque because

pregunta asks

quiere: nos quiere pasar she wants to pass us

rápido fast

reírse de to laugh at

saca: ¿saca la lengua? does she sticks out her tongue

sacando: sacando la lengua sticking out her tongue

sigue: nos sigue follows us

suba get in

vaca cow

ve sees

PREGUNTAS OPCIONALES

PREGUNTAS DE COMPRENSIÓN

1. ¿Qué ve Bruno en el camino?
2. ¿Qué hace Bruno?
3. ¿Por qué acepta Bruno?
4. ¿Cómo corre la vaca?
5. ¿Por qué piensa Bruno que la vaca está cansada?
6. ¿Qué pregunta la campesina?
7. ¿Por qué la vaca saca la lengua a la izquierda?
8. La vaca corre ¿rápido o despacio?

USA TU IMAGINACIÓN

1. Antes de leer el chiste, mira la ilustración e inventa una historia.
2. Después de leer el chiste, usa tu imaginación: La vaca quiere pasar al auto por la izquierda, ¿y qué pasa después?
3. Usa tu imaginación: Cambia la historia. Una campesina está haciendo autostop con una vaca al lado, ¿y qué pasa después?
4. Cambia la historia: Tú llevas a la campesina en tu auto, ¿y qué pasa después?

PREGUNTAS SOBRE LA HISTORIA

1. ¿Por qué acelera Bruno si sabe que la vaca los sigue?
2. ¿Es normal ver a una vaca corriendo?
3. ¿Qué hacen las vacas normalmente?
4. En la historia, corre más rápido ¿la vaca o el auto?
5. Nombra tres animales que pueden correr muy rápido.

PREGUNTAS PERSONALES

1. ¿Es peligroso hacer autostop? ¿Por qué?
2. Si ves a alguien haciendo autostop, ¿lo llevas en tu auto? ¿Por qué?
3. ¿Quieres tener una vaca muy rápida? ¿Por qué?
4. ¿Quieres tener otro animal rápido? ¿Por qué?

19
DINERO

Rosa va a la universidad pero no le gusta estudiar. A Rosa le gusta salir con sus amigas. La mamá de Rosa le manda dinero cada mes. Con ese dinero Rosa paga la universidad, paga la renta y paga la comida.

A las amigas de Rosa les gusta salir a fiestas, salir a bailar y salir a comer. A Rosa le gusta salir con sus amigas y gasta todo su dinero. Entonces, le escribe un mensaje a su mamá. En el mensaje le pide 1.000 (mil) dólares. La mamá le manda dinero y un mensaje que dice:

«Querida hija, te mando dinero. Pero no me gusta la educación que te dan en la universidad. No sabes matemáticas. Cien se escribe con dos ceros, no con tres como tú lo escribiste».

GLOSARIO 19

1.000 (mil) 1,000 (one thousand)

amigas friends

bailar to dance

cada each

ceros zeros

cien one hundred

comer to eat

comida food

como as

dan: te dan they give you

dice says

dinero money

dólares dollars

dos two

educación education

entonces then

escribe: le escribe she writes her

se escribe is written

escribiste: como tú lo escribiste the way you wrote it

estudiar to study

fiestas parties

gasta spends

gusta: le gusta (she) likes
no le gusta (she) doesn't like
les gusta they like
no me gusta I don't like

hija daughter

mamá mom

manda: le manda sends to her

mando: te mando I'm sending you

matemáticas math

mensaje message

mes month

mil one thousand

paga pays for

pero but

pide: le pide she asks her for

que that

querida dear

renta rent

sabes you know

salir to go out

su, sus her

todo all

tres three

universidad college, university

PREGUNTAS OPCIONALES

PREGUNTAS DE COMPRENSIÓN
1. ¿Le gusta estudiar a Rosa?
2. ¿Qué le gusta hacer a Rosa?
3. ¿Qué le manda cada mes la mamá de Rosa?
4. ¿Qué paga Rosa con ese dinero?
5. ¿Qué les gusta hacer a las amigas de Rosa?
6. ¿Cuánto dinero le pide Rosa a su mamá?
7. ¿Qué dice la mamá sobre la educación en la universidad?
8. ¿Cuánto dinero manda la mamá?

USA TU IMAGINACIÓN
1. Antes de leer el chiste, mira la ilustración e inventa una historia.
2. Después de leer el chiste, usa tu imaginación: La mamá de Rosa no manda 1.000 (mil) dólares, ¿y qué pasa después?
3. Usa tu imaginación: Cambia la historia. Rosa va a la universidad pero no le gusta estudiar, ¿y qué pasa después?
4. Cambia la historia: Vas a la universidad pero no te gusta estudiar, ¿y qué pasa después?

PREGUNTAS SOBRE LA HISTORIA
1. ¿Por qué piensas que Rosa va a la universidad si no le gusta estudiar?
2. ¿Piensas que la mamá de Rosa debe mandar 1.000 (mil) dólares?
3. ¿La mamá de Rosa se da cuenta de que Rosa pide 1.000 (mil) dólares y no 100 (cien) dólares?
4. ¿Qué puede hacer Rosa para no gastar tanto dinero?
5. ¿Piensas que Rosa puede trabajar?
6. ¿Piensas que Rosa gasta su dinero de forma inteligente?

PREGUNTAS PERSONALES
1. ¿Te gusta estudiar?
2. ¿Quieres ir a la universidad?
3. ¿Qué vas a estudiar en la universidad? o ¿en qué vas a trabajar?
4. ¿Piensas que es lógico ir a la universidad y no estudiar?
5. ¿Te gusta salir a fiestas, salir a bailar y salir a comer?
6. ¿Te gusta estar con tus amigas y amigos?
7. ¿Puedes estudiar y también salir a divertirte?

20
CAMBIO

Cecilia ve en la calle a su gran amiga. Cecilia le dice:

—¡Pamela, te veo después de mucho tiempo! Estás muy diferente. ¡Me gusta tu cambio! Veo que ahora estás muy delgada. ¿Haces ejercicio? Tu pelo está diferente. Veo que ahora tienes más pelo. ¿Es peluca? Tu pelo antes era rubio y ahora tu pelo es negro. Pamela, ahora vistes diferente. Antes usabas pantalones. Ahora usas vestido. Tus ojos son diferentes. Antes tus ojos eran verdes. Ahora usas lentes de contacto azules. ¡Me gusta tu cambio! ¿Tienes nuevo novio? ¿Nuevo trabajo? ¿Nueva casa?

—Perdone, pero mi nombre no es Pamela.

—¿Qué? ¿Ahora también tienes un nuevo nombre?

GLOSARIO 20

ahora now
amiga friend
antes before
ahora now
azules blue
calle street
cambio change
casa house
contacto: lentes de contacto contact lenses
delgada thin
después after
dice: le dice tells her
diferente different
ejercicio exercise
en in
era was
eran were
es is
estás you are
era was
gran great
gustan: me gusta I like
haces: ¿haces ejercicio? do you exercise?
lentes de contacto contact lenses
más more

mucho a lot
muy very
negro black
nombre name
novio boyfriend
nueva, nuevo new
ojos eyes
pantalones pants
pelo hair
peluca wig
perdone excuse me, sorry
pero but
que that
¿qué? what?
rubio blond
también also, too
tiempo time
tienes have
trabajo job, work
usas you use, you are wearing
usabas you wore
ve sees
veo I see
verdes green
vestido green
vistes you dress

PREGUNTAS OPCIONALES

PREGUNTAS DE COMPRENSIÓN

1. ¿A quién ve Cecilia en la calle?
2. Pamela está ¿igual o diferente?
3. ¿Por qué piensa Cecilia que Pamela está diferente?
4. ¿Por qué piensa Cecilia que el pelo de Pamela es peluca?
5. ¿De qué color son los ojos de Pamela?
6. ¿Por qué piensa Cecilia que Pamela tiene un nuevo nombre?
7. La mujer que Cecilia ve en la calle ¿es Pamela?

USA TU IMAGINACIÓN

1. Antes de leer el chiste, mira la ilustración e inventa una historia.
2. Después de leer el chiste, usa tu imaginación: Cecilia dice: «¿Ahora también tienes un nuevo nombre?», ¿y qué pasa después?
3. Usa tu imaginación: Cambia la historia. Cecilia ve en la calle a su gran amiga, ¿y qué pasa después?
4. Cambia la historia: Cecilia te ve a ti y dice que estás muy diferente, ¿y qué pasa después?

PREGUNTAS SOBRE LA HISTORIA

1. Después de leer el chiste, usa tu imaginación: ¿Por qué piensa Cecilia que la mujer en la calle es su amiga Pamela?
2. Usa tu imaginación: ¿Qué piensa de Cecilia la mujer?
3. ¿En qué son diferentes la mujer en la calle y Pamela?
4. ¿En qué son iguales la mujer en la calle y Pamela?

PREGUNTAS PERSONALES

1. ¿Es posible cambiar mucho? ¿Por ejemplo?
2. ¿Vas a cambiar en 5 años? ¿Por qué?¿Cómo vas a cambiar?
3. ¿Qué haces si un extraño piensa que eres su amiga/o?
4. ¿Conoces a alguien que ahora se ve diferente?
5. ¿Piensas que vas a cambiar mucho en el futuro? ¿Por ejemplo?
6. ¿Cómo cambia una persona?
7. ¿Qué cosas no pueden cambiar en una persona?

21
PACO MANEJA MAL

Paco maneja muy mal. Un policía para a Paco. El policía está muy enojado y le dice:

—Usted maneja tan bien que le voy a dar 1.000 (mil) dólares de premio. ¿En qué va a gastar el premio?

Paco dice:

—En obtener una licencia de manejo.

La esposa de Paco está en el asiento de al lado. Ella ve que el policía está más enojado. Entonces, ella dice:

—Señor policía, mi esposo tiene licencia de manejo. La verdad es que mi esposo se duerme cuando maneja.

La abuela está en el asiento de atrás. Ella ve que el policía está mucho más enojado. Ella dice:

—Yo les dije que ir en un auto robado nos iba a traer problemas.

GLOSARIO 21

abuela grandmother
asiento seat
atrás in the back
auto car
bien well
dar: le voy a dar I'm going to give you
dice says
dije: les dije I told you (plural)
duerme: se duerme falls asleep
enojado angry
entonces so
es is
esposa wife
esposo husband
está is
gastar: ¿en qué va a gastar el premio? what are you going to spend the prize in?
iba was going to
ir: ir en un auto robado to go in a stolen car
lado: asiento de al lado passenger seat
licencia de manejo driver's license
mal badly

maneja drives, (you) drive
manejo: licencia de manejo driver's license
más more
mucho más much more
muy very
obtener to get
para stops
policía: police officer
premio prize
problemas problems
que that
qué: ¿en qué va a gastar el premio? what are you going to spend the prize in?
robado stolen
señor policía Mr. policeman
tiene has
traer: nos iba a traer problemas was going to get us in trouble
va is going to
ve sees
verdad truth
voy: le voy a dar I'm going to give you

PREGUNTAS OPCIONALES

PREGUNTAS DE COMPRENSIÓN

1. ¿Cómo maneja Paco?
2. ¿Cómo está el policía?
3. ¿Qué le dice el policía a Paco?
4. ¿Qué le dice Paco al policía?
6. ¿Dónde está la esposa de Paco?
7. ¿Qué dice la esposa de Paco?
8. ¿Dónde está la abuela?
9. ¿Qué dice la abuela?

USA TU IMAGINACIÓN

1. Antes de leer el chiste, mira la ilustración e inventa una historia.
2. Después de leer el chiste, usa tu imaginación: La abuela dice: «Yo les dije que ir en un auto robado nos iba a traer problemas», ¿y qué pasa después?
3. Usa tu imaginación: Cambia la historia. Paco maneja muy mal, ¿y qué pasa después?
4. Cambia la historia: Tú eres el policía, ¿y qué pasa después?

PREGUNTAS SOBRE LA HISTORIA

1. ¿Por qué el policía le dice a Paco que le va a dar un premio?
2. Usa tu imaginación: ¿Es verdad que Paco no tiene licencia? ¿Por qué?
3. Usa tu imaginación: ¿Es verdad que Paco se duerme cuando maneja? ¿Por qué?
4. Usa tu imaginación: ¿Es verdad que el auto es robado? ¿Por qué?
5. ¿Por qué las respuestas de Paco, su esposa y la abuela son locas?
6. Al final, ¿qué le pasa a Paco?

PREGUNTAS PERSONALES

1. Si eres policía, ¿qué haces con Paco?
2. Si eres policía, ¿te enojas con Paco? ¿Por qué?
3. ¿Tienes licencia de manejo? ¿Quieres tener licencia de manejo?
4. ¿Por qué es importante manejar bien?

22
EL BURRO

Dos hermanas, Pepa y Lola, compran un burro. Las hermanas tienen turnos para darle comida.

El primer día es el turno de Pepa. Ella no le da comida al burro. Pepa piensa: «Mañana Lola le da comida».

Al día siguiente es el turno de Lola. Ella no le da comida al burro. Lola piensa: «Mañana Pepa le da comida».

En dos semanas, ninguna de las hermanas le da comida al burro. El burro está muy mal. Entonces, Pepa dice:

—Podemos vender el burro como comida para los leones.

Las hermanas van al circo y venden el burro. Una hora más tarde el dueño del circo está muy enojado. Está enojado con Pepa y Lola. El dueño del circo grita:

—¡Quiero mi dinero!

—¿Qué pasa? —preguntan Pepa y Lola.

El dueño del circo contesta:

—¡El burro se comió a mis dos leones y quiere el tercero como postre!

GLOSARIO 22

al to the
burro donkey
circo circus
comida food
comió: se comió ate
como as
compran they buy
contesta answers
da: no le da doesn't give him
darle comida feed
de of
del of the
día day
dice says
dinero money
dos two
dueño owner
en in
enojado angry
entonces then
está is
grita yells
hermanas sisters
hora: una hora one-hour
leones lions
mañana tomorrow

más: más
tarde later
mi, mis my
muy mal in bad shape
ninguna none
para for
pasan:
piensa thinks
podemos we could
postre dessert
preguntan (they) ask
primer first
pasa: ¿qué pasa? what's going on?
quiere wants
semanas weeks
siguiente: al día siguiente the next day
tarde: más tarde later
tercero third
tienen turnos have turns
turno(s) turn(s)
van (they) go
ve: se ve looks
venden they sell
vender to sell

PREGUNTAS OPCIONALES

PREGUNTAS DE COMPRENSIÓN

1. ¿Quiénes compran un burro?
2. ¿De quién es el turno de darle comida al burro el primer día?
4. ¿De quién es el turno al día siguiente?
5. ¿Por qué Lola no le da comida al burro?
6. ¿Por qué el burro está muy mal?
7. ¿Dónde venden el burro?
8. ¿Por qué el dueño del circo está enojado?
9. ¿Por qué el burro se comió a los leones?

USA TU IMAGINACIÓN

1. Antes de leer el chiste, mira la ilustración e inventa una historia.
2. Después de leer el chiste, usa tu imaginación: El dueño del circo dice que el burro se comió a sus dos leones, ¿y qué pasa después?
3. Usa tu imaginación: Cambia la historia. Pepa y Lola compran un burro, ¿y qué pasa después?
4. Cambia la historia: Tú compras un burro, ¿y qué pasa después?

PREGUNTAS SOBRE LA HISTORIA

1. Usa tu imaginación: ¿Por qué Pepa y Lola compran un burro?
2. ¿Piensas que el burro es importante para Pepa y Lola?¿Por qué?
3. ¿Cómo es una persona que es buena con sus mascotas?
4. Si la historia tiene un final feliz, ¿qué pasa con el burro?

PREGUNTAS PERSONALES

1. Si tú eres la dueña o el dueño del burro, ¿cuándo le das comida?
2. Si tienes una mascota, ¿les pides a Pepa y Lola que cuiden tu mascota? ¿Por qué?
3. ¿Piensas que tú eres buena/bueno con los animales? ¿Por qué?
4. Nombra tres cosas que una mascota necesita.
5. Nombra tres mascotas que quieres tener.

23
LORA MALCRIADA

Isabel recibe una lora por su cumpleaños. La lora es muy malcriada. Isabel piensa que la lora puede cambiar. Isabel es buena con la lora. Isabel tiene mucha paciencia, pero la lora no cambia.

Un día, Isabel pierde la paciencia y le grita a la lora. La lora le grita mucho más a Isabel. La lora es muy malcriada. Isabel se enoja mucho. Mete a la lora en el congelador. La lora grita por dos minutos y después hay silencio.

Entonces, Isabel abre la puerta del congelador. La lora sale y dice:

—Perdóname por ser malcriada y por gritar. Voy a cambiar.

Isabel está sorprendida. Después, la lora dice:

—¿Te puedo preguntar algo? Hay un pollo en el congelador. ¿Qué te hizo?

GLOSARIO 23

abre opens
algo something
más more
bien well
cambia changes
   no cambia don't change
cambiar to change
congelador freezer
cumpleaños birthday
después afterwards
día day
dice says
entonces then, so
enoja: se enoja gets mad
es is
está is
grita yells
   le grita yells at her
gritar to yell
hay there is
hizo: ¿qué te hizo? What did he do to you?
lora parrot
malcriada rude, impolite
más more
mete en puts in

minutos minutes
mucha a lot
muy very
paciencia patience
perdóname forgive me
piensa think
pierde la paciencia loses it, loses his patience
pollo chicken
por for
preguntar (to) ask
puedo: ¿te puedo preguntar? can I ask you?
puerta door
que that
¿qué? what?
recibe receives
sale gets out, comes out
ser: por ser malcriada for being rude
silencio silence
sorprendida surprised
tiene has
voy I'm going to

PREGUNTAS OPCIONALES

PREGUNTAS DE COMPRENSIÓN

1. ¿Qué recibe Isabel por su cumpleaños?
2. ¿Cómo es la lora?
3. ¿Qué piensa Isabel?
4. ¿La lora cambia?
5. ¿Qué hace Isabel después de enojarse mucho?
6. ¿Qué dice la lora cuando sale del congelador?
7. ¿Por qué cambia la lora cuando sale del congelador?

USA TU IMAGINACIÓN

1. Antes de leer el chiste, mira la ilustración e inventa una historia.
2. Después de leer el chiste, usa tu imaginación: La lora dice: «Hay un pollo en el congelador. ¿Qué te hizo?», ¿y qué pasa después?
3. Usa tu imaginación: Cambia la historia. Isabel recibe una lora por su cumpleaños, ¿y qué pasa después?
4. Cambia la historia: Tú recibes una lora por tu cumpleaños, ¿y qué pasa después?

PREGUNTAS SOBRE LA HISTORIA

1. ¿Qué puede hacer Isabel para que la lora cambie?
2. ¿Es buena idea poner a la lora en el congelador?
3. Usa tu imaginación: ¿La lora va a cambiar para siempre?

PREGUNTAS PERSONALES

1. ¿Quieres una lora por tu cumpleaños? ¿Por qué?
2. Si tu lora es muy malcriada, ¿qué haces?
3. ¿Conoces a alguna persona que siempre es malcriada? ¿Te gusta esa persona? ¿Por qué?
4. Si eres muy buena/o con una persona malcriada, ¿esa persona cambia?
5. ¿Puede cambiar una persona malcriada?
6. ¿Pueden cambiar las personas? ¿Por qué?

24
FÚTBOL DE ANIMALES

Los animales juegan fútbol. Un día, juega el equipo de los elefantes contra el equipo de los gusanos. Diez minutos antes de terminar el juego, los elefantes ganan 10 a 0 (diez a cero).

Cinco minutos antes de terminar el juego, un ciempiés sale a jugar. Mete un gol, luego mete otro gol, mete otro gol más... Termina el juego y los gusanos ganan 20 a 10 (veinte a diez).

El capitán de los elefantes está triste porque perdieron los elefantes. El capitán de los elefantes también está impresionado con el ciempiés. El capitán de los elefantes habla con el capitán de los gusanos y le dice:

—¡El ciempiés es un excelente jugador! ¿Por qué jugó cinco minutos antes de terminar el juego?

El capitán de los gusanos contesta:

—Porque se demora mucho en atarse los zapatos.

GLOSARIO 24

animales animals

antes before

atarse los zapatos to tie his shoes

capitán captain

ciempiés centipede

cinco five

contesta answers

contra against

demora: se demora mucho takes very long

día day

dice: le dice tells him

elefantes elephants

equipo team

es is

está is

excelente excellent

fútbol soccer

ganan (they) are winning, win

gol goal

gusano(s) worm(s)

habla speaks

impresionado impressed

juega plays

juegan they play

jugador player

jugar to play

jugó he played

juego game

luego then

más more

mete un gol scores one goal

minutos minutes

mucho: se demora mucho takes very long

otro other, another

perdieron (they) lost

¿por qué? why?

porque because

qué: ¿por qué? why?

sale comes out, goes out

también also

terminar to finish

triste sad

zapatos shoes

PREGUNTAS OPCIONALES

PREGUNTAS DE COMPRENSIÓN

1. ¿Qué juegan los animales?
2. ¿Qué animales juegan?
3. ¿Quiénes ganan diez minutos antes de terminar el juego?
4. ¿Qué pasa cinco minutos antes de terminar el juego?
5. ¿Por qué está triste el capitán de los elefantes?
6. ¿Qué pregunta el capitán de los elefantes?
7. ¿Por qué le toma mucho tiempo al ciempiés atarse los zapatos?

USA TU IMAGINACION

1. Antes de leer el chiste, mira la ilustración e inventa una historia.
2. Después de leer el chiste, cambia el final: Los gusanos ganan, ¿y qué pasa después?
3. Usa tu imaginación: Cambia la historia. Los elefantes juegan contra los gusanos, ¿y qué pasa después?
4. Cambia la historia: Tu equipo juega contra el equipo de los elefantes, ¿y qué pasa después?

PREGUNTAS SOBRE LA HISTORIA

1. Después de leer la historia, ¿qué piensas?¿Es lógico el juego de fútbol entre elefantes y gusanos?
2. ¿Qué problemas hay en este juego de fútbol?
3. En este juego, ¿los jugadores son rápidos?
4. ¿Qué pasa si los jugadores de un equipo son mucho más grandes que los del otro equipo?
5. ¿Por qué el ciempiés es un excelente jugador?
6. Usa tu imaginación: ¿Qué animales pueden jugar fútbol?

PREGUNTAS PERSONALES

1. ¿Te gusta jugar fútbol?
2. En qué equipo quieres jugar tú: ¿en el de los elefantes o en el de los gusanos? ¿Por qué?
3. ¿Cuál es tu deporte favorito?
4. ¿Tienes un equipo favorito? ¿Por qué es tu favorito?
5. ¿Tienes un jugador favorito? ¿Por qué es tu favorito?
6. ¿Cuál es el jugador más famoso del mundo?
7. ¿Quieres ser una jugadora/ un jugador famosa/famoso? ¿Por qué?

25
MONO CHISMOSO

Una perra se pierde en África. Se pierde en un safari. De pronto, la perra ve a una pantera. La perra está asustada y piensa rápido: ve unos huesos y empieza a morder los huesos. Cuando la pantera va a atacar, la perra dice:

—¡Mmmmmm, qué rica pantera me acabo de comer!

Cuando la pantera escucha eso, no ataca y se va asustada. En un árbol hay un mono. El mono ve todo. El mono le cuenta todo a la pantera. La pantera le dice al mono:

—Vamos donde está esa perra.

La perra ve a la pantera con el mono. La perra se da cuenta de que el mono es chismoso. Cuando la pantera va a atacar, la perra, muy tranquila, dice:

—¿Dónde está el mono? Le dije: «Quiero comer, tráeme otra pantera».

GLOSARIO 25

acabo: me acabo de comer I just ate

árbol tree

asustada afraid

ataca: no ataca doesn't attack

atacar to attack

chismoso gossipy

comer to eat

cuando when

cuenta: le cuenta tells (him)
    se da cuenta notices, realizes

dice says
    le dice tells (him)

dije: le dije I told (him)

donde where
    ¿donde está? where is it?

empieza: empieza a morder starts to chew

es is

esa, eso that

escucha hears

está is
    ¿donde está? where is it?

hay there is

huesos bones

mono monkey

morder to bite, to chew

muy very

otra another, other

oye hears

pantera panther

perra dog

piensa thinks

pierde: se pierde gets lost

pronto: de pronto suddenly

que that

qué: ¡qué rica pantera! what a delicious panther!

quiero I want

rápido fast

rica: ¡qué rica pantera! what a delicious panther!

rápido fast

todo everything

tráeme bring me (command)

tranquila calm, not worried

un, una a, one

unos some

va: se va leaves, goes away

vamos let's go

ve sees

PREGUNTAS OPCIONALES

PREGUNTAS DE COMPRENSIÓN
1. ¿Qué le pasa a la perra en Africa?
2. ¿Qué hace la perra cuando ve a la pantera?
3. ¿Dónde está el mono?
4. ¿Qué le cuenta el mono a la pantera?
5. ¿De qué se da cuenta la perra?
6. ¿Qué dice la perra?
7. ¿Es verdad que la perra come panteras?
8. ¿Tiene buenas ideas la perra?

USA TU IMAGINACIÓN
1. Antes de leer el chiste, mira la ilustración e inventa una historia.
2. Después de leer el chiste, usa tu imaginación: La perra dice que le pide al mono: «Quiero comer, tráeme otra pantera», ¿y qué pasa después?
3. Usa tu imaginación: Cambia la historia. Una perra se pierde en África en un safari, ¿y qué pasa después?
4. Cambia la historia: Tú te pierdes en África en un safari, ¿y qué pasa después?

PREGUNTAS SOBRE LA HISTORIA
1. ¿Piensas que la perra es inteligente? ¿Por qué?
2. ¿Piensas que la pantera es inteligente? ¿Por qué?
3. ¿Piensas que el mono es inteligente? ¿Por qué?
4. Usa tu imaginación: ¿Qué otra cosa puede hacer la perra para que la pantera no se la coma?
5. Usa tu imaginación: Al final, la pantera ¿se come o no se come a la perra?
6. ¿Por qué el mono le cuenta todo a la pantera?

PREGUNTAS PERSONALES
1. ¿Conoces personas chismosas?
2. ¿Por qué piensas que son chismosas?
3. ¿Te dan miedo las panteras?
4. Nombra tres animales feroces.
5. ¿Qué haces si te pierdes en una ciudad?
6. ¿Qué haces si te pierdes en un safari

7.

26
TELÉFONO

Suena un teléfono en el gimnasio. Ana contesta:
—Hola.
—Hola, querida, ¿estás en el gimnasio?
—Sí.
—En una tienda vi una televisión fabulosa. Cuesta solamente 20.000 (veinte mil) dólares. ¿La compramos?
—Cómprala.
—Y en una tienda de autos hay un Tesla fantástico.
—¿Cuánto cuesta?
—Cuesta solamente 50.000 (cincuenta mil) dólares.
—Cómpralo.
—¿Y te acuerdas de esa casa grande y bella; esa casa con piscina frente a la playa? ¡Está en venta!
—¿Cuánto cuesta?
—¡Solamente 50 (cincuenta) millones de dólares!
—Cómprala.
—OK, querida... Estás muy generosa. Nos vemos en la noche.
—Nos vemos.
Después de colgar, Ana grita:
—¿De quién es este teléfono?

GLOSARIO 26

20.000 (veinte mil) 20,000 (twenty thousand)

50.000 (cincuenta mil) 50,000 (fifty thousand)

acuerdas: ¿te acuerdas? do you remember?

auto(s) car(s)

bella beautiful

casa house

colgar hanging up

cómprala, cómpralo buy it

compramos: ¿la compramos? Do we buy it?

contesta answers

¿cuánto cuesta? how much is it?

cuesta costs

después de after

enojas: te enojas you get mad

es is

está is

estás you are

esa that

este this

fabulosa fabulous

fantástico fantastic

frente in front of

generosa generous

gimnasio gym

grande big

grita yells

hay there is

hola hi

mil thousand

millones millions

muy very

noche night

nos: nos vemos see you (we'll see other)

piscina swimming pool

playa beach

querida dear

quién: ¿de quién? whose

sí yes

solamente only

suena rings

tienda store

teléfono phone

televisión TV

una a

vemos: nos vemos see you (we'll see each other)

venta sale

vi I saw

PREGUNTAS OPCIONALES

PREGUNTAS DE COMPRENSIÓN

1. ¿Dónde suena un teléfono?
2. ¿Dónde está Ana?
3. ¿Cuánto cuesta la televisión?
4. ¿Cuánto cuesta el auto?
5. ¿Cómo es la casa que está en venta?
6. ¿Cuánto cuesta la casa?
7. Después de hablar, ¿qué grita Ana?
8. ¿Era el esposo de Ana en el teléfono?

USA TU IMAGINACIÓN

1. Antes de leer el chiste, mira la ilustración e inventa una historia.
2. Después de leer el chiste, usa tu imaginación: Ana grita: «¿De quién es este teléfono» ¿y qué pasa después?
3. Usa tu imaginación: Cambia la historia. Suena un teléfono en el gimnasio y Ana contesta, ¿y qué pasa después?
4. Cambia la historia: Suena un teléfono en el gimnasio y tú contestas, ¿y qué pasa después?

PREGUNTAS SOBRE LA HISTORIA

1. Usa tu imaginación: ¿Por qué Ana le dice al hombre que compre todo?
2. Ana es ¿buena o mala persona? ¿Por qué?
3. Usa tu imaginación: ¿Qué pasa cuando la esposa del hombre se da cuenta de que él compró cosas muy caras?

PREGUNTAS PERSONALES

1. Si tú eres la esposa, ¿qué haces cuando te das cuenta de lo que el hombre compra?
2. ¿Quieres tener tu dinero? o ¿quieres tener dinero con tu esposa/esposo? ¿Por qué?
3. Nombra tres cosas que quieres comprar en el futuro.
4. ¿Es mejor comprar cosas caras? ¿Por qué?
5. Nombra algo que quieres comprar, pero que es casi imposible porque es muy caro.

27
EL GATO VUELVE A CASA

El gato de Camila daña los muebles de la casa. Daña los muebles con las uñas. Un día, Camila ve que el gato daña las cortinas. Camila se enoja mucho con el gato. Entonces, deja al gato en otro barrio. Cuando vuelve a casa, Camila encuentra al gato feliz en su silla favorita.

Al día siguiente, Camila deja al gato en otra ciudad. Cuando vuelve a casa, Camila encuentra al gato feliz en su silla favorita

—¡El gato siempre vuelve a casa! —le dice Camila a su amiga Violeta. Violeta le da instrucciones:

—Vas a la montaña. A la derecha está el río; luego vas a la izquierda; luego, a la derecha hay otro río; luego vas por un puente y luego vas a la derecha otra vez; ahí dejas al gato.

Camila está confundida, pero sigue las instrucciones de Violeta. Después de una semana, Violeta ve a Camila y le pregunta:

—¿Qué pasó con el gato? ¿Fuiste a la montaña?

—Sí, y gracias al gato pude volver a mi casa.

GLOSARIO 27

ahí there
amigo friend
barrio neighborhood
casa house, home
ciudad city
confundida confused
cortinas curtains
cuando when
daña ruins, damages
deja leaves
dejas (you) leave
derecha right
después after
día day
dice says
encontrar to find
encuentra finds
enoja: se enoja gets mad
entonces so
está is
favorita favorite
¿fuiste? did you go?
gato cat
gracias thanks
hay there is

instrucciones instructions
izquierda left
luego then
montaña mountain
muebles furniture
mucho a lot
otra, otro another
    otra vez again
pasó: ¿qué pasó? what happened?
pero but
por: por un puente over a bridge
pregunta asks
pude I could
puente bridge
qué: ¿qué pasó? what happened?
río river
semana week
siempre always
sigue follows
silla chair
uñas claws
vas you go
ve sees
vez: otra vez again
vuelve return

PREGUNTAS OPCIONALES

PREGUNTAS DE COMPRENSIÓN
1. ¿Qué daña el gato de Camila?
2. ¿Qué ve un día Camila?
3. ¿Dónde deja Camila al gato?
4. Cuándo Camila vuelve a casa, ¿dónde está el gato?
5. Al día siguiente, ¿dónde deja Camila al gato?
6. ¿Qué le da Violeta a Camila?
7. ¿Cómo puede volver Camila a casa?

USA TU IMAGINACIÓN
1. Antes de leer el chiste, mira la ilustración e inventa una historia.
2. Después de leer el chiste, usa tu imaginación: Camila puede volver a casa gracias al gato, ¿y qué pasa después?
3. Usa tu imaginación: Cambia la historia. El gato de Camila daña los muebles de la casa con las uñas, ¿y qué pasa después?
4. Cambia la historia: Tu gato daña los muebles de tu casa, ¿y qué pasa después?

PREGUNTAS SOBRE LA HISTORIA
1. ¿Por qué piensas que el gato daña los muebles y las cortinas?
2. ¿Está bien que Camila deje al gato en otro barrio o en otra ciudad?
3. Usa tu imaginación: ¿Cómo vuelve el gato a casa?
4. ¿Por qué vuelve el gato a casa?

PREGUNTAS PERSONALES
1. ¿Qué haces si tu gato daña los muebles y las cortinas de tu casa?
2. ¿Dejas a tu gato en otro barrio, otra ciudad o en una montaña?
3. Antes de adoptar un gato, ¿es importante saber posibles problemas? ¿Por qué?
4. Los gatos a veces dañan cosas, ¿por qué les gusta a las personas tener gatos?
5. ¿Te gustan los gatos o los perros? ¿Por qué?

28
PILOTOS CIEGOS

Los pasajeros de un avión están en sus asientos. Dos personas con uniforme de piloto entran en el avión. Una de esas personas camina con un perro guía. La otra persona camina con un bastón. Usan gafas negras. Entran en la cabina y cierran la puerta. Los pasajeros piensan: «¿Los pilotos están ciegos? ¡Oh, no!».

Después, el avión corre en la pista. El avión corre muy rápido. Los pasajeros piensan: «El avión va a chocar». Los pasajeros están asustados y gritan. En ese momento, el avión vuela.

Ahora los pasajeros están tranquilos y sonríen. En la cabina, el piloto presiona el botón del piloto automático. El piloto le dice a la copiloto:

—¿Sabes lo que me asusta?

—No —dice ella.

—Pienso que algún día van a gritar demasiado tarde y entonces vamos a tener un accidente.

GLOSARIO 28

accidente accident
algún some
asientos seats
asusta: me asusta scares me
asustados scared (adj.)
automático automatic
avión plane
bastón cane
botón button
cabina cabin
caer to crash, to fall
camina walks
ciegos blind
cierran they close
chocar to crash
corre runs
copiloto copilot
deben should
demasiado: demasiado tarde too late
después then
dice: le dice he tells (him)
entonces then
entran en (they) go into
están are
gafas negras sun-glasses

gritan they scream
gritar to scream
guía guide
lo que what
momento momento
pasajeros passengers
perro guía guide dog
pienso I think
piensan (they) think
piloto pilot
pista runway
presiona presses
puerta door
¿sabes? do you know?
sonríen (they) smile
tarde: demasiado tarde too late
tener to have
tranquilos calm
rápido fast
uniforme uniform
usan they are wearing
va is going to
van they are going to
vamos we are going to
vuela flies

PREGUNTAS OPCIONALES

PREGUNTAS DE COMPRENSIÓN

1. ¿Dónde están los pasajeros?
2. ¿Cómo entran en el avión las personas con uniforme de piloto?
3. ¿Qué piensan los pasajeros?
4. Cuando el avión corre en la pista, ¿qué piensan los pasajeros?
5. Cuando el avión vuela, ¿cómo se sienten los pasajeros?
6. ¿Qué es lo que le asusta al piloto?
7. ¿Por qué es importante oír gritar a los pasajeros?

USA TU IMAGINACIÓN

1. Antes de leer el chiste, mira la ilustración e inventa una historia.
2. Después de leer el chiste, usa tu imaginación: El piloto presiona el botón del piloto automático, ¿y qué pasa después?
3. Usa tu imaginación: Cambia la historia. Los pasajeros de un avión están en sus asientos, ¿y qué pasa después?
4. Cambia la historia: Estás en el asiento de un avión, ¿y qué pasa después?

PREGUNTAS SOBRE LA HISTORIA

1. Usa tu imaginación: ¿Por qué los pilotos están ciegos?
2. Usa tu imaginación: ¿Por qué no contratan pilotos que no están ciegos?
3. ¿Es normal que los pasajeros se sientan asustados?
4. ¿El avión de la historia puede volar muy bien con el «piloto automático»?

PREGUNTAS PERSONALES

1. ¿Has viajado en avión? ¿Quieres ser piloto? ¿Por qué?
2. Cuando viajas en avión, ¿estás tranquilo o tienes miedo? ¿Por qué?
3. ¿Recuerdas alguna situación de sorpresa y miedo en un avión?
4. Nombra tres lugares del mundo a los que quieres viajar. ¿Por qué?
5. ¿Quieres viajar mucho? ¿Por qué?
6. ¿Cómo es un viaje ideal?

29
PISCINA DE COCODRILOS

Claudia es millonaria. Hace una gran fiesta por su cumpleaños. Invita a muchas personas a su mansión. Hay música, comida y bebidas. De pronto, Claudia habla por el micrófono y dice:
—Hola a todos. Por mi cumpleaños quiero regalar mis aviones o mis autos. Tengo 50 (cincuenta) aviones. Tengo 200 (doscientos) autos. Tengo 10 (diez) cocodrilos en mi piscina. Si alguien nada en la piscina de cocodrilos y sale vivo, le regalo mis aviones o mis autos.
—¡Oh! —dicen todos.
De pronto, hay una mujer en la piscina. Después de luchar con los cocodrilos, la mujer sale viva. Todos aplauden felices.
—¡Excelente! ¿Quieres los autos? —pregunta Claudia.
—No —dice la mujer.
—¿Quieres los aviones?
—No —dice la mujer.
—Te regalo mis mansiones. Tengo 10 (diez) —dice Claudia.
—No —dice la mujer.
—Entonces, ¿qué quieres? —pregunta Claudia.
La mujer, muy enojada, dice:
—Quiero saber quién me empujó a la piscina.

GLOSARIO 29

alguien someone
aplaude claps
aplauden (they) clap
autos cars
aviones planes
bebidas drinks
cocodrilos crocodiles
colección collection
comida food
con with
cumpleaños birthday
dice says
dicen (they) say
empujó pushed
en in
enojada angry
es is
felices happy
fiesta party
frente: al frente in front
gran big
habla speaks
hace: hace una gran fiesta throws a big party
hola hello
invita invites
luchar to fight
mansión mansion

mansiones mansions
me me
mi my
micrófono micrófono
millonaria millionaire
mis my
mujer woman
música music
muy very
nada swims
personas people
piscina pool
por for
pregunta asks
pronto: de pronto suddenly
¿qué? what?
quién who
quieren (they) want
quieres (you) want
quiero (I) want
regalo gift
saber to know
sale: sale viva/o comes out alive
también also, too
tengo (I) have
todos everyone
viva/o alive
    sale viva/o comes out alive

PREGUNTAS OPCIONALES

PREGUNTAS DE COMPRENSIÓN
1. ¿Cómo es la fiesta de Claudia?
2. ¿Cuántos aviones tiene Claudia?
3. ¿Cuántos autos tiene Claudia?
4. ¿Cuántos cocodrilos tiene Claudia?
5. ¿Qué regala Claudia a quien salga viva/o de la piscina?
6. ¿Cuántas mansiones tiene Claudia?
7. ¿Qué quiere la mujer que salió viva de la piscina?
8. ¿La mujer quería luchar con los cocodrilos?

USA TU IMAGINACIÓN
1. Antes de leer el chiste, mira la ilustración e inventa una historia.
2. Después de leer el chiste, usa tu imaginación: La mujer quiere saber quién la empujó a la piscina, ¿y qué pasa después?
3. Usa tu imaginación: Cambia la historia. Claudia, la millonaria, hace una gran fiesta, ¿y qué pasa después?
4. Cambia la historia: Tú eres millonaria/o y haces una gran fiesta, ¿y qué pasa después?

PREGUNTAS SOBRE LA HISTORIA
1. Usa tu imaginación: ¿Por qué Claudia quiere regalar sus aviones y sus autos?
2. ¿Quién quiere luchar con 10 (diez) cocodrilos?
3. ¿Qué piensas de Claudia?

PREGUNTAS PERSONALES
1. Qué quieres: ¿50 (cincuenta) aviones o 200 (doscientos) autos o 10 (diez) mansiones? ¿Por qué?
2. ¿Te lanzas a la piscina, ¿por los autos o por los aviones?
3. Si te empujan a la piscina con los cocodrilos y sales viva/o, ¿qué haces?
4. Piensas que la idea de Claudia es buena o es mala, ¿por qué?

30
APUESTA

Una abuela va a un banco muy importante. El gerente del banco habla con ella en su oficina. Ella quiere depositar 700.000 (setecientos mil) dólares. El gerente está muy impresionado y pregunta:
—¿Por qué tiene tanto dinero en billetes?
—Porque apuesto. Por ejemplo, le apuesto 10.000 (diez mil) dólares a que usted tiene pelo verde en el estómago.
El gerente ríe y acepta la apuesta. La abuela le dice que el lunes va a volver con su abogada como testigo.
El lunes la abuela va a la oficina del gerente con su abogada. Entonces, el gerente se levanta la camisa. La abogada grita:
—¡No, no, no!
El gerente pregunta:
—¿Qué pasa?
—Apostamos 100.000 (cien mil) dólares a que el gerente de este banco me iba a recibir solamente para enseñarme su estómago.

GLOSARIO 30

10.000 (diez mil) 10,000 (ten thousand)
100.000 (cien mil) 100,000 (one hundred thousand)
700.000 (setecientos mil) 700,000 (seven hundred thousand)
abogada lawyer
abuela grandmother
acepta accepts
apostamos we bet
apuesta bet
apuesto: le apuesto I'll bet you
banco bank
billetes bills
camisa shirt
como as
con with
depositar deposit
dice: le dice tells (him)
dinero money
ejemplo example
enseñarme to show me
entonces then
está is
este this
estómago stomach
gerente manager
grita yells
habla speaks

hoy today
iba a was going to
importante important
impresionado impressed
levanta: se levanta lifts up
lunes Monday
mil thousand
muy very
oficina office
para to
pasa: ¿qué pasa? what's wrong?
pelo hair
¿por qué? why?
porque because
pregunta asks
que that
qué: ¿por qué? why?
quiere wants
recibir to receive
ríe laughs
solamente only
tanto so much
testigo witness
tiene have
volver come back
usted you (formal)
va: va a goes to, is going to
verde green

PREGUNTAS OPCIONALES

PREGUNTAS DE COMPRENSIÓN
1. ¿Adónde va la abuela?
2. ¿Con quién habla?
3. ¿Cuántos dólares quiere depositar?
4. ¿Qué le pregunta el gerente a la abuela?
5. ¿Cómo gana dinero la abuela?
6. ¿Qué le apuesta la abuela al gerente?
7. El lunes a las 9 de la mañana, ¿con quién va la abuela a la oficina?
8. ¿Por qué grita la abogada?
9. ¿Cuánto dinero gana la abuela por apostar con el gerente y con la abogada?

USA TU IMAGINACIÓN
1. Antes de leer el chiste, mira la ilustración e inventa una historia.
2. Después de leer el chiste, usa tu imaginación: La abuela dice que apostó 100.000 dólares con la abogada, ¿y qué pasa después?
3. Usa tu imaginación: Cambia la historia. Una abuela va a un banco muy importante, ¿y qué pasa después?
4. Cambia la historia: Tú vas a un banco muy importante, ¿y qué pasa después?

PREGUNTAS SOBRE LA HISTORIA
1. ¿Piensas que la abuela es inteligente? ¿Por qué?
2. ¿El gerente piensa que la abuela va a ganar la apuesta? ¿Por qué?
3. ¿La abogada piensa que la abuela va a ganar la apuesta? ¿Por qué?
4. ¿Es normal para el gerente apostar con un cliente?
5. ¿Es normal para la abogada apostar con un cliente?
6. ¿Por qué piensas que el gerente apuesta con la abuela?
7. Usa tu imaginación: ¿La abuela hace la misma apuesta con otras personas?
8. Usa tu imaginación: ¿Piensas que la abuela gana mucho más dinero con esas apuestas?

PREGUNTAS PERSONALES
1. Si esa abuela quiere apostar contigo, ¿apuestas?
2. Apostar ¿es bueno o es malo? ¿Por qué?
3. ¿Puedes apostar sin dinero? Dame un ejemplo.
4. Apuesto a que tu español va a ser excelente a fin de año ¿Qué piensas de esta apuesta?

LA COMPILADORA Y REDACTORA

VERÓNICA MOSCOSO es una autora, periodista y directora de documentales galardonada.

En el 2011, Verónica obtuvo el título de maestría en Periodismo en la Universidad de California Berkeley. Su tesis documental, *A Wild Idea,* recibió nueve premios.

Verónica es la autora de *Historias con sabor a sueño* (2001), *Los ojos de Carmen* (2005) (traducido al francés y al inglés), *Olivia y los monos, Chistes para aprender español* (2018), *El Rey Arthur, Halloween vs. Día de los Muertos, Soñadores* (2020), *El pequeño ángel de Colombia* y *Alma de lobo* (2021).

Verónica también es la autora de varios artículos, fotografías, multimedia, video, y de producciones de radio, en inglés y en español. Intermitentemente, y a lo largo de su vida, Verónica también trabajó como maestra de idiomas.

Nació y creció en Ecuador, y salió de Quito, su ciudad natal, para vivir y viajar en el Medio Oriente y en el Sudeste Asiático. Documentó sus viajes a través de crónicas y fotografía. Ahora vive en California, en donde continúa creando contenido.

Su experiencia como maestra de español y de inglés junto con su habilidad para contar historias hacen que sea una extraordinaria autora de libros para la adquisición de idiomas. Para más información sobre Verónica, visite: www.veromundo.com. Para comprar sus libros visite: www.veromundo.store

LA ILUSTRADORA

ANNADA MENON es una artista visual de Pune, India. Tiene una licenciatura en Arte Visual y una especialización en pintura.

Atendió CKP, College de Artes Plásticas en Bangalore, India. Después de su graduación en el 2014, empezó a crear a través de medios digitales.

Ha trabajado como diseñadora para corporaciones y como freelance creando ilustraciones. Sus dibujos han sido publicados en libros para niños, por editoriales como Penguin Random House, y en medios como Cosmopolitan India. También sus ilustraciones han sido parte de campañas para medios sociales y posters de eventos para cafés.

En el 2020 fue una de las ganadoras de March of Robots. Su trabajo personal se enfoca en mujeres y animales, y le gusta añadir humor a sus creaciones.

Aparte de ser adicta a dibujar 24/7, Annada ama los gatos, aunque no tiene uno todavía, y le fascinan los insectos.

LIBROS RECOMENDADOS

OLIVIA Y LOS MONOS
Verónica Moscoso
Level 1-2

Esta historia está basada en los monos salvajes que viven en Misahuallí y en la interacción única que tienen con los humanos.

HALLOWEEN VS DIA DE LOS MUERTOS
Verónica Moscoso
Level 2

Es una historia sobre una gran amistad y también sobre las diferencias y parecidos entre dos tradiciones muy fuertes.

EL REY ARTHUR
Verónica Moscoso
Level 2

Basada en la historia real de Arthur, el perro callejero que se convirtió en una celebridad.

EL PEQUEÑO ANGEL DE COLOMBIA
Verónica Moscoso
Level 2

Es la historia real de Albeiro, un niño colombiano famoso por su gran trabajo humanitario.

ALMA DE LOBO
Verónica Moscoso
Level 2-3

La historia real de Marcos Rodríguez Pantoja, el único caso documentado de un niño salvaje en España.

SOÑADORES
Verónica Moscoso
Level 3-4

Esta historia muestra la realidad de los DREAMers, los jóvenes que viven como inmigrantes indocumentados en Estados Unidos y los retos que enfrentan.

LOS OJOS DE CARMEN
Verónica Moscoso
Level 3-4

Daniel es un adolescente americano, que va a Ecuador buscando la fotografía perfecta para ganar un concurso. Ahí conoce a Carmen, una chica con ojos excepcionales.

Más información en **www.veromundo.store**
Ofrecemos descuentos a distritos escolares, escuelas, librerías y distribuidores.
Escríbanos a **info@veromundo.com**

 www.facebook.com/veromundofb

 www.instagram.com/veromundo.store

Este libro fue compilado y redactado por una autora latinoamericana.

www.ingramcontent.com/pod-product-compliance
Lightning Source LLC
LaVergne TN
LVHW041536070526
838199LV00046B/1697